LA FOI DE GILBERT CESBRON

DU MÊME AUTEUR

Aux Éditions du Centurion :

Journal d'un professeur débutant, 1969.
Enseigner le français aujourd'hui, 1972.
Notes et résultats scolaires de nos enfants, 1978.

Chez d'autres éditeurs :

Gilbert Cesbron, témoin de la tendresse de Dieu, Laffont, 1965.
Brassens, Hatier, 1980.
Verlaine, Hatier, 1982.
L'évangile des droits de l'homme, Le Cerf, 1984.

MICHEL BARLOW

La foi de Gilbert Cesbron

« Le chrétien est riverain de la joie »
Gilbert Cesbron
(Journal sans date)

CENTURION

ISBN 2-227-340-52-5

41, rue François-Ier – 75008 Paris

TABLE DES ABRÉVIATIONS
Titres des œuvres de Gilbert Cesbron citées dans le texte

ACV	*Une abeille contre la vitre,* 12e roman (1964).
AE	*Avoir été,* 10e roman (1960).
BR	*Bonheur de rien,* 4e recueil du *Journal sans date* (posthume, 1979).
BS	*Briser la statue,* théâtre (1952).
CM	*Chasseur maudit,* 1er essai (1953).
CMA	*C'est Mozart qu'on assassine,* 13e roman (1966).
CPC	*Chiens perdus sans collier,* 7e roman (1954).
CQAV	*Ce qu'on appelle vivre,* entretiens (1977).
CQJC	*Ce que je crois,* 6e essai (1970).
DA	*Dernier acte,* théâtre (1961).
DJA	*Don Juan en automne,* 16e roman (1975).
DLA	*Des leçons d'abîme,* 7e essai (1971).
ECG	*Des enfants aux cheveux gris,* 3e recueil de récits (1968).
ECL	*Entre chiens et loups,* 11e roman (1962).
HS	*L'homme seul,* théâtre (1961).
IP	*Les innocents de Paris,* 1er roman (1944).
ISA	*Il suffit d'aimer,* scénario (1960).
JSD	*Journal sans date,* 1er recueil (1963).
JSD II	*Journal sans date II,* parfois titré *Tant qu'il fera jour,* 2e recueil du *Journal sans date* (1967).
LB	*Libérez Barabbas,* 3e essai (1957).
LOJFM	*Lettre ouverte à une jeune fille morte,* 5e essai (1968).
MDS	*Il est minuit, Docteur Schweitzer,* théâtre (1952).

MDTP	*Je suis mal dans ta peau,* 14e roman (1969).
ME	*Mourir étonné,* 8e essai (1976).
MO	*Merci l'oiseau,* poèmes (1976).
MP	*Mort le premier,* théâtre (1970).
MVA	*Mais moi je vous aimais,* 17e et dernier roman (1977).
NPR	*Notre prison est un royaume,* 4e roman (1948).
OCR	*On croit rêver,* 2e roman (1946).
PUCA	*Passé un certain âge,* 10e essai (posthume, 1980).
8PE	*Huit paroles pour l'éternité,* 9e essai (1978).
PP	*Pauvre Philippe,* théâtre (1970).
S	*La Souveraine,* 5e roman (1949).
SAA	*Une sentinelle attend l'aurore,* 4e essai (1965).
SAS	*Ce siècle appelle au secours,* 2e essai (1955).
SVE	*Les saints vont en enfer,* 6e roman (1952).
TAP	*Tant d'amour perdu,* 8e recueil de récits (posthume, 1981).
TDJV	*Tout dort et je veille,* 2e recueil de récits et contes (1959).
TF	*La Tradition Fontquernie,* 3e roman (1947).
+ TP	*Il est plus tard que tu ne penses,* 9e roman (1958).
TV	*Traduit du vent,* 1er recueil de récits et contes (1951).
UDA	*Un désespoir allègre,* 5e recueil du *Journal sans date* (posthume, 1983).
UMEM	*Un miroir en miettes,* 3e recueil du *Journal sans date* (1973).
VCE	*La ville couronnée d'épines,* 5e recueil de récits (1974).
VSE	*Un vivier sans eau,* 6e recueil de récits (posthume, 1979).
VTI	*Voici le temps des imposteurs,* 15e roman (1972).
VVCO	*Vous verrez le ciel ouvert,* 8e roman (1956).

INTRODUCTION

En lisant les romans qui ont fait le succès de Gilbert Cesbron, dans les années 50 : *Les saints vont en enfer, Chiens perdus sans collier, Vous verrez le ciel ouvert...,* ou en voyant cet écrivain témoigner de ses convictions dans la presse, dans ses essais, sur les ondes de « Radio-Luxembourg » ou à la télévision, bien des chrétiens ont été sensibles à la richesse de sa personnalité et à la profondeur de sa foi. A n'en pas douter, Gilbert Cesbron a été un authentique témoin chrétien pour notre temps.

Du reste, dans la petite république des Lettres, il est clairement perçu comme un croyant transparent. Ainsi, au lendemain de sa disparition, Bertrand Poirot-Delpech remarque, dans *Le Monde :*

> « C'est d'abord le témoin d'une foi qui fait silence. Après lui, on ne voit guère que Julien Green : non pour s'avouer croyant – beaucoup d'écrivains y consentent – mais pour mêler aussi totalement la religion à l'art, dans la tradition de Péguy, Bernanos, Mauriac. »

Quelques années plus tôt, André Maurois écrivait également :

> « Cesbron, en ses romans, ne s'évade presque jamais hors de notre époque douloureuse. Il en affronte les problèmes et tente de les exorciser.

> Avec une naïveté puissante et lucide, les yeux grands ouverts il constate, il décrit, il participe, dans la simplicité et la fraternité. Attitude qui lui est rendue facile parce que le Christ est, authentiquement, son compagnon quotidien [1]. »

Et cependant, en dépit de ces témoignages convergents et élogieux, Gilbert Cesbron n'entendait – pas plus qu'un Mauriac – poser au « romancier chrétien » :

> « J'ai toujours refusé l'étiquette " écrivain catholique ", écrit-il dans son *Journal sans date*. A l'entendre, je me représente dressant ma baraque sur le parvis d'une cathédrale... Ne peut-on simplement être un chrétien qui écrit des livres, comme d'autres chrétiens fabriquent du pain ou façonnent des sabots? » (*JSD,* p. 140 [2]).

Autrement dit : il ne veut pas s'adresser uniquement à un public chrétien ou « apporter la bonne parole » à ses lecteurs agnostiques. Les personnages qu'il met en scène – dans ses romans, par exemple – ne sont pas des marionnettes pour théâtre de patronage ou des premiers prix de catéchisme débitant sérieusement leur leçon, mais des vivants plongés dans tous les drames de notre époque. Certains, comme l'auteur, sont chrétiens, aux prises avec un vaste monde indifférent ou hostile. Crucifiés et non triomphants, ils s'efforcent d'être présents à leur époque, sans prosélytisme ni respect humain : des vivants et non des images publicitaires!

Mais, on le sait : le christianisme « prend » tout l'homme, et une œuvre littéraire – surtout une œuvre romanesque – est faite, elle aussi, de tout l'homme. Comme tout romancier, Gilbert Cesbron écrit avec sa chair et son sang, mais une chair et un sang

---

1. Préface à l'édition des Œuvres romanesques de Gilbert Cesbron, 12 volumes, Éditions Rencontre, Lausanne.
2. Sur la façon de citer en abrégé les titres de Cesbron, v. table des abréviations, p. 5.

christianisés. Il est écrivain avec toute son humanité, et toute son humanité est pénétrée de christianisme. L'idéal religieux de l'auteur n'est pas une pièce rapportée. Il est si intimement mêlé aux fibres mêmes de ses écrits qu'il est impossible de l'en dissocier. Impossible aussi de comprendre pleinement son œuvre sans y faire allusion.

Pour le lecteur, donc, qui entend mesurer la valeur littéraire de l'œuvre, comme pour celui qui a été fasciné par cette personnalité évangélique entr'aperçue au détour d'un livre ou d'une émission, il n'est pas sans intérêt d'aller à la rencontre de ce témoin chrétien. Deux chemins nous y conduiront :

– Nous chercherons d'abord, à travers une approche biographique, comment s'est élaborée la vision du monde de ce témoin présent en pleine pâte humaine (première partie : *« Le seul chef-d'œuvre, c'est vivre »*).

– Cette vision du monde, il nous faudra ensuite l'exposer de façon systématique pour présenter dans une perspective thématique la spiritualité, voire la théologie ou la mystique dont elle procède (deuxième partie : *La foi de Gilbert Cesbron*).

Puisse le lecteur se trouver éclairé et encouragé, comme nous l'avons été nous-même par ce témoin transparent de l'Évangile!

Première partie

LE SEUL CHEF-D'ŒUVRE

« L'écrivain s'en alla tout triste : il venait de comprendre que le seul chef-d'œuvre, c'est vivre » (*JSD*, p. 45).

Il peut paraître singulier de consacrer une partie de cette étude à retracer la vie de Gilbert Cesbron. Lui-même semble décourager toute tentative d'élucidation de son œuvre en ce sens, déclarant à plusieurs reprises que sa biographie est « à peu près nulle » (*CQAV,* p. 13). Entendons par là qu'elle ne comporte pas d'éléments assez pittoresques pour constituer un de ces récits qui ont la saveur et le piquant d'un roman. « Je rends grâce, écrit-il dans ses dernières années, de la régularité et si l'on veut de la médiocrité de ma vie » (*JSD II,* p. 74).

Du reste, avec beaucoup de pudeur et de modestie, il est resté très longtemps « déterminé à ne jamais livrer de souvenirs » (*CQAV,* p. 13) et, à « ne pas parler de lui-même, aussi bien de l'écrivain que de l'homme ». Il a fallu – deux ans avant sa mort – l'occasion des entretiens avec Maurice Chavardès – réunis sous le titre *Ce qu'on appelle vivre* (Stock, 1977) – pour que le lecteur entrevoie ce que fut son existence d'enfant ou d'adolescent, sa vie professionnelle ou familiale. Dans ce livre, si Gilbert Cesbron renie apparemment sa résolution de « ne jamais s'expliquer » *(ibid.),* c'est parce que ce projet d'entretiens rejoint sa fondamentale conviction « qu'en dehors même de tout éclairage religieux ou idéologique, la seule justification de notre passage sur la terre est d'aider les autres à vivre » (*CQAV,* p. 14). Et telle est précisément l'« ambition modeste » de l'ouvrage : « Un homme dans la soixantaine confie fraternellement à d'autres ce que fut son itinéraire, ses étapes, ses traverses, ses chutes, ses découvertes » (*CQAV*, p. 13), avec l'espoir que ce témoignage économisera à d'autres « les détours, les étapes sans ressources et les impasses » (*CQAV*, p. 14).

D'entrée de jeu, on le voit, on ne peut raconter la vie de Gilbert Cesbron sans découvrir en même temps les racines de ses convictions, et c'est précisément ce qui donnera son orientation à cette approche biographique.

CHAPITRE 1

« NÉ SECOND »

Gilbert Cesbron est né le vendredi 13 janvier 1913; mais cette date n'a pour lui aucun caractère magique : « Comment, remarque-t-il, pourrais-je être superstitieux *puisque* je suis chrétien? » (*CQAV*, p. 17). « L'abandon qui définit le chrétien (...) s'oppose évidemment à ces petites " crispations " que sont toutes les superstitions » *(ibid)*.

Cependant, si sa date de naissance n'est pas, en soi, un message écrit dans les astres, elle permet de situer Gilbert Cesbron dans un contexte historique bien défini. Né peu avant la « Grande Guerre » 1914-1918, il a vu, petit enfant, son père partir au combat et en revenir chaque fois plus galonné, plus décoré. Médecin, chef de clinique et associé, un temps, aux recherches de Marie Curie, le père de Gilbert Cesbron était surtout, dit-il, un homme « prodigieusement courtois, follement drôle, un peu " dandy ", comme on pouvait l'être à la Belle Époque » (*CQAV*, p. 21).

Si le petit Gilbert écoutait passionnément ce père « admirable de courage, d'esprit, de générosité, de prestance » *(ibid.)* – tout à la fois un héros, un savant, un artiste et un agréable compagnon; pourtant c'est bien davantage sa mère qui l'a marqué et notamment, nous le verrons, en ce qui concerne sa vocation littéraire. Dans un texte peu connu, paru dans le recueil collectif *Ma mère* (Presses de la cité, 1971), il évoque la tendre autorité et l'influence déterminante qu'a exercées sur lui celle qu'il nommait affectueusement la Mamita.

> « J'ai été façonné par ma mère, sans une remarque, sans une leçon. Je n'ai cessé d'écouter et d'admirer les autres, et premièrement mon père, mais ne leur ai jamais ressemblé. Je regarde cette photo d'enfance où ma mère me tient si serré, joue contre joue, qu'on dirait que nous sommes faits de la même étoffe. Le pâlissement du temps accentue encore cette osmose. La seule différence entre ces deux visages est que, dans l'un, le regard est le complice du photographe, tandis que l'autre ne s'y est pas encore apprivoisé. L'un sourit, l'autre fait la moue de défiance, mais c'est bien le même visage... » (*Ma mère,* p. 25).

Second et dernier enfant de la famille, Gilbert Cesbron a souvent évoqué sa situation de cadet impressionné par le brio de son frère aîné. Celui-ci avait, en effet, hérité, semble-t-il, de la bravoure, de l'assurance et de la faconde spirituelle de son père. Comme lui, il fit une « belle guerre » en 1939-1945. Dans l'intimité, Gilbert Cesbron en parlait parfois avec humour et admiration.

On devine que, comme tout frère aîné, celui de Gilbert Cesbron, pendant son enfance, ne devait pas manquer de lui faire sentir sa supériorité et de le taquiner. Le *Journal sans date* évoque plaisamment ces disputes enfantines :

> « Lorsque j'étais petit et que mon frère me cornait aux oreilles des paroles qui m'enrageaient, je faisais le geste de fermer à double tour ces oreilles : " *Clouc-clouc,* je n'entends plus! " Je pensais que c'était un stratagème enfantin. Je ne savais pas encore que les lecteurs en font autant. Lorsque ce que vous écrivez offusque leur parti pris : " *Clouc-clouc,* je ne retiens plus! " » (*JSD,* p. 156).

Cependant, la situation de cadet n'a pas que des inconvénients. Ce peut être aussi le secret d'une enfance heureuse. S'il est parfois taquiné par son aîné, le cadet est aussi fondamentalement protégé par lui. Ce qui inspire à Gilbert, devenu adulte, cette curieuse prière :

> « Jésus, frère aîné, donne à tout homme l'impunité, le rassurement et cette perpétuation de l'enfance qui sont le privilège des cadets » (*JSD,* p. 195).

A cette sorte de timidité qui résultait de sa position de cadet s'ajoutait, avoue Cesbron, une excessive docilité. Il lui faudra attendre l'âge adulte pour découvrir le devoir de résistance, voire de désobéissance civique cher aux non-violents :

> « J'ai été, beaucoup trop longtemps, beaucoup trop docile... C'est d'ailleurs le fait de l'amour. J'étais aimé et heureux dans ma famille. [A l'adolescence], j'en étais resté un peu au *Petit Trott,* le livre d'André Lichtenberger, qui commence par : " Papa était le plus courageux, Maman la plus belle et Maria la meilleure cuisinière. " Moi aussi je me disais : " Papa est le plus intelligent, Papa sait. " C'est une disposition dangereuse mais qui rend assez heureux » (*CQAV,* p. 29).

En effet, c'est bien ce « rassurement », cette sécurité qui est l'impression dominante de cette enfance paisible. Choyé, épaulé par un frère aîné plein d'assurance et des parents compréhensifs (et assez riches pour ménager à leur fils une existence dorée), c'est sans rancune ni rancœur que Gilbert Cesbron avance vers l'âge d'homme, et il sait rendre grâce pour cette chance :

> « Ce que mes parents m'ont donné de plus précieux : une jeunesse sans revanche à prendre. Ni sur l'argent ou le pouvoir, ni sur les gens de gauche, ou de droite, ou d'Église; ni sur les maîtres (j'étais bon élève); ni sur moi-

> même (ni petite taille, ni pieds plats, ni défaut de prononciation). J'observe mes contemporains. Leur carrière n'est souvent qu'une patiente, permanente, interminable revanche, volontaire ou inconsciente. On y trouve la clef de leur caractère, de leur comportement; c'est poignant » (*JSD II,* pp. 30-31).

Au contraire, c'est sans amertume ni regret que Cesbron peut se pencher sur son enfance et les aperçus qu'il en donne dans son œuvre sont pleins de charme.

CHAPITRE 2

« CE PETIT ÉTRANGER QUI FUT MOI »

En 1954 parut en Suisse un ouvrage de Gilbert Cesbron peu connu et introuvable aujourd'hui : *Les petits des hommes* (Éditions Clairefontaine, Lausanne). C'est un album de photos dont il a écrit les légendes et les commentaires, les clichés étant signés : André Vick, Yvan Dalain, Fulvo Roitter. Une des premières photos représente un garçonnet, au centre d'un immense château de sable, sur une plage – et l'on devine la mer et le vent au second plan. En appui sur les mains, l'enfant aux cheveux mi-longs regarde intensément le photographe, d'un regard à la fois fier et anxieux, presque douloureux. La légende écrite de la main même de Gilbert Cesbron nous apprend qu'il s'agit de lui-même. « De ce petit étranger qui fut moi, écrit-il, je ne sais presque rien; je suis le seul des miens à ne pas le reconnaître, à le regarder comme un enfant mort » (*op. cit.,* p. 5). Timidement Cesbron tente de dialoguer avec ce petit inconnu exigeant – et, comme il arrive souvent dans son œuvre, sa réflexion revient, comme aimantée au problème fondamental de la destinée, du temps qui passe et de la mort :

> « Ô mon père, ô mon enfant, où te retrouverai-je? Quand pourrai-je te prendre dans mes bras, et tu me consoleras sans un mot?... Mais c'est cela que nous appelons Mourir.

> Continue de jouer Ailleurs, en m'attendant! Continue de rire au bord de l'Éternité, petit garçon que je fus et serai de nouveau... Ainsi soit-il! »

Bernanos prétendait que le but de son œuvre était de « se justifier » devant l'enfant qu'il avait été. Il en va de même pour Gilbert Cesbron qui, selon lui, écrit « pour se racheter aux yeux de ce petit garçon exigeant, pour exorciser le reste de sa vie » (*Ma mère, op. cit.,* p. 31).

Entre ses parents aimants et attentifs, Gilbert Cesbron grandit, donc, dans une atmosphère paisible. A maintes reprises dans son œuvre, il revient sur ce sentiment de sécurité qui lui semble, comme à Bernanos, le propre de l'enfance :

> « Un petit enfant peut " avoir peur de tout ", il ignore la peur, ce que nous appelons la peur. Tout le reste de sa vie il confondra son enfance avec cette grande sécurité. Tout ce qui le rassurera le ramènera à l'enfance, et tout ce qui lui vient de l'enfance le rassurera » (*BR,* p. 52).

Un des « rites » de la famille Cesbron en dit long sur l'ambiance de paix et d'affection qui régnait parmi le « quatuor » des deux enfants et de leurs parents :

> « La table des repas était carrée; quelquefois, chacun des quatre prenait la main de chacun de ses voisins, puis, cette chaîne établie, on y faisait courir un frémissement en pressant le bout des doigts de l'autre au moment où le second voisin serrait les vôtres. C'était " faire passer le fluide " et le symbole même de notre bonheur » (*Ma mère, op. cit.,* p. 29).

Cette paix, ce bonheur protégé de son enfance, Gilbert Cesbron l'évoque dans plusieurs de ses livres. Son premier roman, *Les innocents de Paris* (1944) présente de façon presque autobiographique son enfance. Visiblement, il a une particulière tendresse pour le plus jeune de ses héros, celui que ses camarades appellent non sans condescendance « le gosse ». On peut raisonnablement penser que ce personnage ressemble beaucoup à l'enfant qu'il a été lui-même. Physiquement, « avec sa figure ronde, ses lèvres rouges, ses cheveux taillés à la Jeanne d'Arc » qui le font ressembler « à une fille surtout quand il riait ». (*IP*, p. 12) : une « tête d'enfance non sculptée » (*IP*, p. 18). On retrouve bien ces traits dans le cliché des *Petits des hommes* que nous évoquions tout à l'heure. Moralement, la ressemblance est plus frappante encore : elles sont bien de Cesbron lui-même, cette imagination, cette sensibilité toujours en éveil. Et souvent, « une lente larme tiède glisse le long de sa joue duveteuse, laissant derrière elle une trace luisante comme d'un petit escargot sur une pêche »! *(ibid)*. Comme son jeune héros, Gilbert Cesbron fut un enfant exagérément craintif. Très tôt, la terre est pour lui « la planète de la peur » (*Ce que je crois*, p. 106). Il reconnaît avoir mis longtemps à vaincre une « peur viscérale » (*CQJC*, p. 13), « fruit de ses entrailles » (*UMEM*, p. 139) et à conquérir, à la manière des non-violents, « une paix vigilante, coûteuse, menacée » (*CQAV*, p. 15). Son enfance si douce n'empêche pas Cesbron d'être très tôt hanté par la souffrance et le mal.

> « J'ai été un " enfant de douleur " et je suis devenu un homme de douleur. Je le dis sans romantisme ni complaisance. Il y a des êtres qui sont tournés vers la joie et ne voient dans le monde et la Création que la joie, la beauté; et d'autres qui, très tôt, y discernent la douleur. Je suis de ceux-ci » (*CQAV*, p. 37).

Depuis l'enfance, écrit-il dans son dernier livre,

> « Je vis au bord des larmes – et je sais que le monde est plutôt de mon bord... » (*UDA*, p. 191).

Enfant, il sanglote un jour de voir un charretier fouetter son cheval tombé et ne se console pas de la misère ou de la souffrance dont il entend le récit. Très tôt aussi, il se révèle un être de partage :

> Ainsi, raconte-t-il, « à un moment, mes parents avaient comme voiture une Rolls. Quelquefois, ils pensaient me faire plaisir en envoyant le chauffeur me chercher à la sortie de l'école. Quand je l'apercevais, je me cachais derrière mes camarades, et je filais par une autre rue. Je ressentais déjà une sorte de honte de toute cette facilité, de ce luxe. C'est un sentiment que Stendhal éprouvait, car lui aussi était un privilégié, et il écrit quelque part que " la notion de privilège suffisait à faner en lui cette fleur fragile du bonheur " » (*CQAV,* p. 53).

C'est de bonne heure, on le voit, que Cesbron connaît cette « façon un peu triste d'être heureux » (*UDA,* p. 178) qu'il évoque dans son dernier livre. On peut faire l'hypothèse – et Cesbron l'a faite lui-même – qu'il y a une relation de cause à effet entre l'ambiance si douce de sa famille et ce sens aigu de la souffrance des êtres, ce don de sympathie qui ne le quittera plus :

> « J'ai été à ce point préservé et privilégié que c'est peut-être par mauvaise conscience, par un instinct de l'équilibre et de la contrepartie, que j'éprouve autant de curiosité attentive et de compassion envers autrui. Ce serait une bien médiocre parodie de l'amour chrétien; mais une parodie involontaire peut tenir lieu d'apprentissage » (*JSD II,* p. 39).

C'est très tôt, aussi, que Gilbert Cesbron découvre le plaisir, l'impérieux besoin d'écrire. D'aucuns parleront d'hérédité : son arrière grand-père nommé Perrotin, fut l'éditeur de Lamartine, George Sand, Chateaubriand et Béranger! Dès l'âge de huit ou neuf ans, il compose « pour ses parents un journal mensuel, entièrement manuscrit, où l'on trouvait de tout : des poèmes, des dessins humoristiques, des bandes dessinées, un feuilleton, des chroniques... « J'avais déjà, dit-il, la manie d'écrire et de raconter » (*CQAV*, p. 29). Plus tard, au lycée, en classe de 5ᵉ et 4ᵉ, il réalise, avec quelques camarades un journal polycopié intitulé *Taches d'encre*. Aussitôt, un groupe d'enfants – animé par Michel Bokanowski, futur ministre du général de Gaulle – crée un journal concurrent : *Le soleil*, dont le slogan était : « le soleil boit les taches d'encre! » *(ibid.)*. Ce goût pour le papier imprimé amène aussi Cesbron à acheter, chaque semaine, *Les nouvelles littéraires*. « A douze ans, raconte-t-il, je m'obligeais à le lire. Je n'y comprenais goutte! Mais rien que de flairer l'odeur du papier et de l'encre m'enivrait. C'était comme un encens pour moi » (*CQAV*, p. 207).

Tout aussi inoubliables, également pour un futur romancier, les paysages de l'enfance. Jusqu'à l'âge d'homme, Gilbert Cesbron a habité dans le « quartier absolument surréaliste de la Plaine-Monceau, des Ternes » (*CQAV*, p. 22). C'est cet étonnant quartier (qui avait une saveur si particulière dans les années 20, avec le parc, les fortifications, le chemin de fer de ceinture) qui se retrouve transfiguré, sublimé « comme par un regard d'enfant » (*CQAV*, p. 18) dans son premier roman *Les innocents de Paris* (1944). De fait, lorsque le maladroit Vévu, appréhendé par des sergents de ville, après une polissonnerie au parc Monceau, est sommé de dire où habitent ses parents, l'adresse qu'il décline est précisément celle de la maison natale de Gilbert Cesbron : 72, rue Jouffroy (*IP*, p. 125).

Un long séjour d'une année dans un petit village de Haute-Savoie – motivé par des raisons médicales, a eu également une influence déterminante sur la vocation de l'écrivain et sa manière si personnelle d'envisager les rapports humains ainsi que la relation à la nature. Ce que d'aucuns appelleraient un certain traditionalisme – mais nous préférons parler de sens de l'enracinement humain.

En outre, l'enfance de Gilbert Cesbron, comme celle de plusieurs de ses héros, fut ensoleillée par de merveilleux vieillards. Son grand-père paternel, par exemple, était un personnage hors du commun. Ancien ingénieur des Mines, il collectionnait les instruments de musique dans quatorze des pièces de son appartement, rue de la Tour-d'Auvergne, et les réparait dans la quinzième! Tous les jeudis, Gilbert et son frère traversaient à pied une grande partie de Paris pour aller déjeuner avec cet aïeul qui devait exercer une véritable fascination sur les deux garçons.

De même, tous les étés, les deux frères étaient accueillis en Vendée par un vieil oncle célibataire et « un peu bossu qui exerçait pour son plaisir (...) un extraordinaire talent de menuisier et de forgeron » (*CQAV,* p. 20). En le regardant travailler avec minutie, en l'accompagnant à la pêche, à bord de sa calèche à cheval ou de sa non moins anachronique De Dion Bouton, Gilbert Cesbron fait provision d'images. Ces empreintes, dit-il, « sont gravées en nous à jamais. Ce sont elles qui constituent notre trésor d'enfance, un tendre trésor de guerre, une réserve de poésie pour toute la vie. Et c'est important pour un écrivain. Plus que pour quiconque » (*CQAV,* p. 21).

On s'étonnera peut-être de découvrir que l'enfance de Gilbert Cesbron, « malgré l'apparence et l'ambiance toute conventionnelle », fut, dit-il, « absolument areligieuse » (*CQAV,* p. 23). Il n'a pas le sentiment d'avoir été un enfant croyant, même si ses jeunes années ont été traversées d'une certaine religiosité, voire d'émotions pieuses et de scrupules. A six ans, muni de petits objets de culte miniature, il jouait, comme tant d'autres enfants, à dire la messe. Au cours des offices religieux auxquels il assiste avec ses parents, il enregistre les formules et les gestes liturgiques qui plus tard reviendront spontanément sous sa plume.

Malgré tout, ces pieux souvenirs ne sont pas proprement religieux aux yeux de Gilbert Cesbron. L'expérience de la foi authentique ne viendra que beaucoup plus tard, à l'âge d'homme. Du reste, il n'est pas loin de considérer qu'une telle éducation chrétienne est plus un obstacle qu'une préparation à la vraie rencontre :

> « J'envie, écrit-il, les convertis qui découvrent le Christ sans les déguisements attendrissants mais tenaces dont notre enfance l'affuble si durablement. Ils sont pareils à l'aveugle-né qui guérit soudain – quel éblouissement! » (*JSD,* p. 202).

CHAPITRE 3

CETTE PRISON ÉTAIT UN ROYAUME

Élève tout d'abord d'une école religieuse, Cesbron entra très jeune au lycée Condorcet – dont on trouve une image « sublimée » (*CQAV,* p. 23) dans son roman *Notre prison est un royaume* (1948). Après la lecture de ce livre, on ne s'étonne pas d'entendre Gilbert Cesbron déclarer qu'il s'est pleinement épanoui au Lycée et y a connu « les meilleures années de sa vie » (*CQAV,* p. 23).

Il y trouve de merveilleux amis – notamment les inséparables « Mousquetaires » évoqués par le roman, et qui lui seront fidèles jusqu'à l'âge d'homme – ou plutôt jusqu'à la mort, deux d'entre eux ayant fini en camp de concentration pendant la guerre. C'est « non seulement à la mémoire mais à l'intention » de l'un d'eux – Emmanuel, mort à Auschwitz en avril 1944 – qu'est dédié son second essai *Ce siècle appelle au secours* (1955).

« Très bon élève – mais toujours second » (*CQAV,* p. 24), Gilbert Cesbron était peut-être un lycéen un peu « scolaire » comme on dit aujourd'hui. Le portrait malicieux de François, le héros de *Notre prison est un royaume,* est donc sans doute quelque peu autobiographique :

> « François le Studieux songeait à l'automne et comment il le définirait dans une composition française. Cet abattement hautain... Désistement superbe... La reine répudiée qui sort, le front haut! L'automne, c'était... tiens, c'était

> Andromaque! (...) Ce matin encore, il se promenait dans le potager en déclamant les *Rêveries du Promeneur Solitaire,* s'agenouillant à " Grand être! ô grand être!... " sous le regard surpris du jardinier que, dans son exaltation, il n'avait pas entendu s'approcher. François plaignait sincèrement Robert de ce qu'il préférât les moteurs à explosion aux auteurs classiques; ou ses parents qui vivaient comme si Catilina, Montaigne et Bérénice n'avaient pas existé. Tant pis pour eux! (...) Sur la table, une lettre à son ami, commencée ce matin, parlait " d'automne roux et or ", de " pampres ", de " feuilles jaunissantes " et citait Virgile » (*NPR,* chap. 1).

Sans verser dans la « psychanalyse sauvage », on peut imaginer que c'est peut-être en raison de son passé de très bon élève que Cesbron a gardé toute sa vie un tempérament inquiet, presque perfectionniste :

> « Terrible rangeur de désordre, pliant le papier avant même d'ouvrir le paquet, plus méticuleux que curieux, préférant l'ordre à n'importe quelle surprise, pelotant autour de sa main le moindre bout de ficelle, redressant d'un quart de centimètre l'objet qu'un autre vient de déplacer, épongeant sans cesse la bohème des autres et, de ce fait (nous passons au moral), leur donnant d'incessantes leçons – ou, pire, se retenant trop visiblement d'en donner; redresseur de torts comme il l'est de bibelots, aussi scrupuleux que méticuleux et, comme tous les consciencieux, débordant de mauvaise conscience...
> Mais de qui faites-vous le portrait? – Hélas! » (*JSD II,* p. 95).

CHAPITRE 4

UN BEAU TÉNÉBREUX (1926-1934)

A l'âge de treize ans environ, Cesbron forge son écriture d'adulte – cette étonnante graphie à la fois si personnelle et si lisible – ces lettres hautes, au trait appuyé, qui semblent toutes majuscules [1] : « Une des écritures les plus réconfortantes que je connaisse, écrit Paul Guth : à elle seule, graphologiquement, un message de confiance et d'espoir : " guirlande d'aubépine, grappes de lilas [2] ". »

> « Comme j'avais, raconte Cesbron, une écriture molle, quelconque, changeante, je me suis fabriqué, lettre à lettre, une écriture inspirée de la typographie, écriture d'abord incertaine, puis de plus en plus assurée, et que j'ai toujours » (*CQAV,* p. 26).

Ce détail semble bien caractéristique de la personnalité du jeune Cesbron. Dès la fin de l'enfance, il paraît déterminé à conduire

---

1. Qu'on en juge :
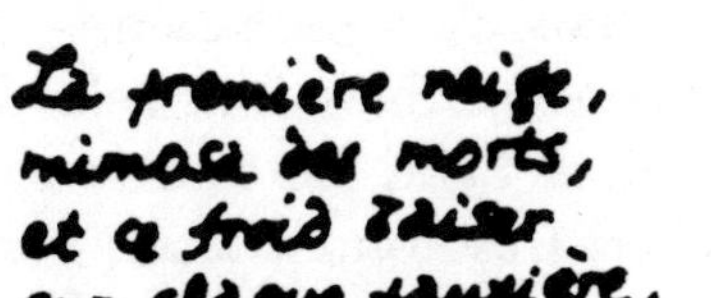

Merci l'oiseau, op. cit., p. 42.

2. Présentation de l'œuvre de Cesbron pour l'édition Rencontre.

sa vie avec un certain volontarisme. Et d'autant plus, peut-être, qu'en lui, l'adulte semble tarder à percer sous l'enfant. On peut penser, nous l'avons dit, que le personnage de François Voisin, dans *Notre prison est un royaume* est tissé de ses propres souvenirs. C'est probablement le fantôme de sa propre adolescence, ce garçon de quatorze ans, avec « ses grosses lèvres toujours entrouvertes, ses joues de fille et cet épi dans ses cheveux qui le désespérait » (chap. 1); ce garçon qui s'inquiète de rester toujours enfant et se répète d'une manière incantatoire : « Je ne suis pas plus gosse que les autres! » *(ibid.).* Cette volonté de construire sa vie malgré les apparences décevantes – amène sans doute l'adolescent à sculpter de lui-même une image acceptable, à se créer un personnage qui ne reflète pas sa véritable nature. Dès l'âge de seize ans, il se crée « comme chacun », un masque à sa convenance :

> « Jeune homme, raconte-t-il, je n'étais pas très sûr de mon rire : je craignais qu'il ne prêtât lui-même à rire. Cela m'induisait à jouer volontiers les beaux ténébreux » (*JSD,* p. 186).

Cet air mystérieux et profond qu'il adopte n'est peut-être pas sans lien avec sa passion littéraire pour Stendhal – passion bien encombrante, car, remarque-t-il, « concilier une attitude stendhalienne et un comportement chrétien est à peu près sans espoir » (*JSD,* p. 35). On voit bien cette tension chez Antoine, le héros de *La Tradition Fontquernie* (1947) qui ressemble beaucoup au jeune homme de vingt ans qu'il fut. Mais Antoine meurt à la fin du roman. Pour Gilbert, à vingt ans, ce fut une résurrection, le chrétien prenant le relais du stendhalien.

D'aucuns verront peut-être dans tout cela des préoccupations de jeune bourgeois oisif, à l'abri de tout souci économique. De fait, la famille de Gilbert Cesbron est aisée, fortunée même. Cela permet à l'adolescent des expériences, devenues banales aujourd'hui, mais qui étaient exceptionnelles à l'époque et devaient marquer profondément l'écrivain :

> « Quand j'étais encore petit garçon, raconte-t-il, mon père possédait un bateau, ce qui ne se faisait pas tellement à l'époque, et nous passions une partie des interminables " grandes vacances " sur ce bateau, près des îles Chausey. Il s'appelait *Sea weed :* " Algue de mer " » (*CQAV,* p. 32).

A la fin de l'adolescence – l'année de ses dix-sept ans – une autre expérience de voyage inoubliable s'offre à Gilbert et à son frère :

> « Ma mère, raconte-t-il, possédait un collier de perles véritables et, un soir, dans une salle de spectacle, on le lui a volé. (...) Comme ce collier était assuré, on lui versa une très grosse somme. Elle aurait pu, avec cet argent, se commander un autre collier; mais, avec humour et sagesse, elle a pensé : " Ce serait absurde. Je vais faire exécuter une imitation de ce collier et, avec la différence, nous allons nous payer, votre père et moi, de notre côté, et vous les garçons du vôtre, le voyage de nos rêves... " Mes parents sont allés dans le grand Nord, et nous, bien sûr, nous avons décidé de partir pour l'Amérique. Vous imaginez-vous ce que pouvait être l'Amérique en 1930, quand j'avais dix-sept ans? Pour nous, ce fut une découverte extraordinaire : on mettait dix jours pour rallier New York sur le paquebot *De-Grasse,* et l'on découvrait une autre planète. Les films parlants, les negro spirituals, la vie comme un cinéma permanent... » (*CQAV,* pp. 32-33).

Selon la légende familiale, les deux garçons étaient à New York le jour où la ville fêtait Coste et Bellonte, les premiers aviateurs à franchir l'Atlantique. Audacieux et sûr de lui, le frère de Cesbron n'hésite pas à prendre la place de l'un des deux héros trop timide pour parader! Au passage du cortège, Gilbert, stupéfait, voit passer son frère sous les ovations de la foule. Et l'aîné ne daigne même pas répondre à ses signes!

Ce même voyage est aussi pour Gilbert la première occasion de publier :

> « J'ai tenu là-bas un petit carnet de bord que j'ai intitulé pompeusement : *Amérique, terre jeune,* ou *Le voyage à dix-sept ans.* Un hebdomadaire (dont le rédacteur en chef était un ami de mon père) en a publié une page entière. C'était la première fois qu'un texte de moi était publié et que je voyais mon nom imprimé. Quel orgueil! » (*CQAV,* p. 33).

A la fin de ses études secondaires, Gilbert Cesbron passe un double baccalauréat. Le détail est caractéristique de ses aptitudes intellectuelles, mais aussi de son attitude volontariste devant la vie :

> « J'étais très moyen en mathématiques; alors je me suis astreint à entrer en mathématiques élémentaires. J'ai fait mathélem en même temps que philo, parce que, je le sentais bien, l'esprit a besoin de deux pieds pour marcher... » (*CQAV,* p. 26).

L'année suivante, il entre à l'École libre des sciences politiques sur le conseil de ses parents. Il a pour condisciples Pierre Racine qui sera longtemps directeur de l'ENA – et aussi Michel Debré qui fut Premier ministre du général de Gaulle.

Dans ses romans, Gilbert Cesbron a évoqué à deux reprises l'École des sciences politiques : le héros de *La Tradition Fontquernie* (1947) et celui de *Don Juan en automne* (1975) sont tous deux élèves de la prestigieuse école. D'une certaine manière l'un et l'autre ressuscitent le jeune homme que fut Cesbron. A vingt ans, Gilbert était à l'image d'Antoine de Fontquernie : « Timide et pur, à la fois grave et léger, assez romantique » (*CQAV,* p. 40) : une sorte de héros stendhalien, un Fabrice del Dongo égaré au XXe siècle. Comme son héros, il éprouve « un respect absolu », « une admiration fascinée pour les jeunes filles » *(ibid.).* Mais cette fois, il est davantage redevable de cette disposition à Giraudoux voire à Francis Jammes qu'à Stendhal! Sans doute, était-il aussi peu « mondain » que ses jeunes héros : comme Laurent (*Don Juan en automne,* chap. 2), il s'irritait de la métamorphose qu'opéraient les soirées sur la plupart de ses camarades : « Filles et garçons y deviennent méconnaissables, tout à leur petite stratégie de plaisance » (*DJA,* p. 40). Les garçons s'efforcent de « briller » pour « éblouir » les jeunes filles présentes (*CQAV,* p. 40) et celles-ci font la roue non moins sottement.

A la différence de son héros, en revanche, Cesbron est entouré d'inoubliables amis fidèles : les inséparables « mousquetaires » que l'on voyait vivre dans *Notre prison est un royaume* ont grandi. A l'orée de la vie adulte, ils passent des heures à reconstruire le monde, à se présenter leurs idées ou leurs « coups de cœur ». Mais ils savent aussi se montrer généreux, et passent leurs dimanches à promener un aveugle. A l'image encore des héros de *Notre prison est un royaume* qui s'efforçaient de distraire de jeunes handicapés mentaux.

Antoine de Fontquernie ressemble aussi comme un frère au jeune homme que fut Cesbron, par sa manière alerte de manier le paradoxe ou la formule assassine :

> Antoine se laisse penser : « La Madeleine, songe-t-il, c'est un temple romain multiplié par trois. Mais l'Arc de Triomphe, lui, n'est pas un agrandissement : c'est une folie, inédite, autonome – une idée gigantesque, mais une idée. De même, le grand, le très grand type n'est pas trois fois plus intelligent, plus brave, etc., que les autres; il est d'un modèle différent. Il y a donc les grands hommes genre " Madeleine " et les grands hommes genre " Arc de Triomphe "... Ah, je dis n'importe quoi! Quel plaisir... » (*TF,* p. 73).

Quant au héros de *Don Juan en automne,* ce jeune étudiant svelte et naturellement élégant sans aucun souci de la mode; socialiste de cœur malgré la fortune de ses parents; pur et absolu sous le masque du dandy, n'est-il pas aussi à son image?

CHAPITRE 5

LA FOUDRE EN HIVER (février 1934)

Le 2 février 1934 – Gilbert Cesbron a vingt et un ans – c'est le drame, la pire épreuve qu'il ait jamais connue : sa mère meurt à la suite d'une opération bénigne. En évoquant plus haut l'atmosphère chaleureuse de la famille et l'affection toute particulière que Gilbert Cesbron portait à sa mère, on peut deviner ce que représenta ce deuil. Il a fait de moi, écrit-il, « beaucoup plus qu'un orphelin. Ça a été la foudre, et j'ai longtemps eu honte de survivre » (*CQAV,* p. 30).

Devant la mort de la « Mamita » Gilbert, son frère et son père sont anéantis : « Trois robots noirs, parfaitement honteux de survivre, chacun uniquement attentif à la compagnie invisible de la défunte, mortellement distraits » (*Ma mère,* p. 26). La description de cette scène vécue n'est pas sans évoquer le deuil du châtelain et de ses fils, dans les dernières pages de *La Tradition Fontquernie :* « trois hommes noirs » qui, au retour du cimetière, marchent en silence « sur cette route écrasée de soleil qui, jusqu'aux bois de Fontquernie, partageait les blés débordants » (*TF,* p. 248). La ressemblance n'est pas fortuite. Tout le livre est une célébration de l'amour filial et maternel, et c'est à ce titre qu'il est le roman préféré de l'écrivain (*CQAV,* p. 30). Le décor lui-même est chargé de souvenirs :

« Mes parents possédaient alors un domaine qui s'appelait Couvicourt, en Normandie, et qui est le décor de mon livre *La Tradition Fontquernie* » *(ibid.).*

C'est dans cette demeure, précisément, que Gilbert Cesbron a le sentiment d'avoir vécu les moments les plus doux de son existence :

« Comme j'étais étudiant et que la rentrée universitaire a toujours lieu scandaleusement tard, nous passions, ma mère et moi, les mois de septembre, octobre et début novembre seuls à Couvicourt. C'est le souvenir de paradis intégral de ma vie. J'adorais ma mère et ma mère m'aimait beaucoup » (*CQAV,* p. 30).

Dès le lendemain des obsèques, le père de Gilbert Cesbron, désespéré, décide de vendre le domaine de Couvicourt et de quitter l'appartement parisien de la rue Jouffroy qui avaient été le théâtre de leur bonheur. Le mobilier et les objets d'art patiemment accumulés pendant des générations sont abandonnés aux commissaires-priseurs, tandis que les collections sont données à un musée.

Dans le recueil collectif intitulé *Ma mère,* Gilbert Cesbron, sous le titre *Un mémorial de marbre noir,* raconte avec émotion la façon dont il tenta de survivre à son deuil. En écrivain, déjà :

« Lorsqu'elle mourut, le 2 février 1934, je me jetai sur des cahiers que je vêtis de noir, comme moi-même, et j'y poursuivis obstinément un dialogue dont l'une des voix était mémoire et l'autre désespoir. J'y dressais fiévreusement l'inventaire de tous les gestes, expressions et habitudes de ma mère avec la hâte anxieuse de celui qui, à son réveil, tente de se rappeler un rêve. (...) J'étais étonné, alors, de ne transcrire que des circonstances minuscules, des phrases familières, presque *impensées*. Quoi! il ne nous était donc rien arrivé " d'important ", à ma mère et à moi, durant qu'elle vivait? – Rien. Ou plutôt, s'il en avait été autrement, elle seule le savait, l'avait su; à moi tout paraissait, tout avait paru naturel. C'est cela, le bonheur; mais, à vingt ans, comment le comprendre, l'admettre? » (*op. cit.*, pp. 22-23).

On le voit : il semble bien que ce soit la mort de sa mère qui ait fait de Cesbron un écrivain, un véritable écrivain :

« C'est à la mort de ma mère que j'ai commencé à écrire; je veux dire, à écrire comme on respire : pour vivre et sans s'en aviser. Auparavant, je composais des poèmes imités, au fil des années, des auteurs que j'admirais le plus, de Francis Jammes à Paul Valéry. Mais on aurait dit qu'en ouvrant l'écluse des larmes, cet horrible février avait, du même éclair, libéré l'écriture. J'ai *Claudelisé* et *Stendhalisé* encore quelque temps, et puis, défauts et qualités, je suis devenu moi. Comme si, par un mystère déchirant, ma mère me mettait une seconde fois au monde en mourant » (*Ma mère, op. cit.*, p. 36).

Quelques mois plus tard, Gilbert Cesbron publie son premier livre : *Torrent* (Corréa, 1934), une petite plaquette de poèmes qui est dédiée à sa mère. Le livre est tiré par souscription à trois cents exemplaires à l'intention de ceux qui l'avaient connue et aimée. Les derniers poèmes du recueil aux titres éloquents – *L'enfant perdu, Naufrage du monde, Mémorial, La halte et la prière* – expriment clairement, mais avec une certaine jeunesse de style, ses sentiments d'alors :

« J'écris pour me consoler, pour perdre le Temps; mais il faudra bien se réveiller de tout cela : le vent emporte le papier – et la main glacée ne tient plus rien » (*Mémorial*, III).

Peut-être est-ce aussi cette rencontre bouleversante qui a décidé de l'orientation altruiste de Gilbert Cesbron. Parvenu à l'âge mûr, il comprendra que la seule chose qui importe vraiment dans une vie, c'est d'aider les autres à vivre. Et cette décision, tout comme sa foi religieuse, prend appui, si l'on peut dire, sur la rencontre de la mort et de la fragilité de nos vies. Il remarque dans son *Journal sans date* :

> « J'ai constamment vécu adossé contre la mort et sentant dans mon dos cette réserve de mystères. Cela vous pousse au désespoir, au silence (l'inanité de toute discussion dès qu'on aborde l'essentiel!) – mais pas à l'inaction, car il y a les autres. Les protéger du désespoir et, plus simplement, les aider à vivre aura été instinctivement, donc sans aucun mérite, ma grande affaire » (*BR,* p. 39).

C'est au cours de la même année 1934, quelques mois après le décès de sa mère, que Gilbert Cesbron fait la connaissance de celle qui devait devenir son épouse : Dominique, à qui est dédié le plus filial de ses romans *La Tradition Fontquernie.* Tout se passe...

> « comme si un amour prenait la relève de l'autre. Comme si Dieu protégeait avec sa main cette flamme qu'il avait allumée et refusait qu'elle s'éteigne. Naturellement on a tendance, surtout lorsqu'on est très malheureux (ou très heureux), à voir des signes partout, mais il y avait là, sans parler du Ciel, une délicatesse du sort » (*CQAV,* p. 32).

L'amour de sa fiancée prend tout naturellement le relais de celui de sa mère disparue :

> « Ma mère et Dominique ne se sont jamais connues; elles se sont succédé comme si le Ciel, connaissant mes démons Solitude et Désespoir, ne m'avait laissé chancelant que le

temps d'apprendre à regretter et à espérer, le temps d'apprendre le prix des êtres » (*Ma mère, op. cit.*, p. 32).

Deux mois après la disparition de sa mère, Gilbert Cesbron doit partir pour le service militaire. Dure épreuve pour un jeune homme sensible qui vient de connaître un tel chagrin! A l'École d'artillerie de Poitiers, il s'irrite des méthodes « prussiennes » de la caserne, des tracasseries des sous-officiers qui, pour « dresser » leurs jeunes recrues, s'amusent à les faire changer de tenue quatre ou cinq fois par jour « en combinant le treillis, le bourgeron, la capote, la vareuse » (*CQAV*, p. 31). Au reste, avec ses chevaux, ses uniformes bleu horizon, la caserne semble être restée immuable depuis la « Grande Guerre ». Pendant des mois, les jeunes élèves officiers sont condamnés au garde-à-vous, à la boue, au froid, à la grossièreté...

> « Et puis, un matin, on était nommé sous-lieutenant. On avait fait tailler en secret sa tenue, ses bottes, et ce matin-là, d'un coup, on était métamorphosé en Prince Charmant. Et ces mêmes sous-officiers qui n'étaient pas toujours agréables (...) et auxquels il avait fallu obéir pendant des mois, brusquement, c'étaient eux qui vous saluaient en vous appelant " mon lieutenant ". C'était le côté Cendrillon de l'affaire » (*CQAV*, p. 31).

On imagine que, malgré ce clinquant épilogue, c'est avec satisfaction que Gilbert Cesbron prit congé de cet univers qui n'était guère à sa mesure. Il y avait fait la connaissance d'un garçon qui n'y semblait pas moins dépaysé que lui : Pierre Veuillot qui allait devenir cardinal-archevêque de Paris.

Cette même année 1934, enfin, est souvent désignée par Gilbert Cesbron comme l'année de sa conversion. Assurément, nous l'avons dit, il avait reçu ce qu'il est convenu d'appeler une éducation chrétienne. Cependant, « ni Dieu ni le Christ n'existaient vraiment pour lui alors » (*CQAV*, p. 37). C'est, dit-il, « lâchement » « au fond du désespoir », qu'il les a trouvés après la mort de sa mère *(ibid.).* Mais il y avait, si l'on ose dire, une certaine *logique* à ce que Gilbert Cesbron rencontrât cette image du Christ, lui qui, dès l'enfance, avait été particulièrement sensible à la douleur des hommes.

Il est beaucoup aidé dans son cheminement vers la foi par le Père A.M. Roguet, dominicain, qui créa le Centre de Pastorale liturgique, et dont les travaux devaient beaucoup influencer les orientations du Concile Vatican II.

> « Le Père Roguet, raconte Gilbert Cesbron, a eu la sagesse de comprendre que ce type de vingt ans, baptisé mais qui ne savait rien et qui, cependant, avait ses petites idées, il ne fallait pas le rudoyer. Qu'il fallait le prendre par la main, puis le ramener tout doucement dans la vérité, qui est l'Évangile » (*CQAV,* p. 38).

C'est ce même Père Roguet qui met en contact Gilbert Cesbron avec un jeune homme « monté » à Paris depuis peu : Robert Laffont qui, à Marseille, avait fondé une petite maison d'édition – tellement artisanale que « Monsieur le Directeur » faisait lui-même les paquets! Le Père Roguet, qui avait publié aux Éditions Robert Laffont son *Théâtre avec les anges,* avait recruté les deux jeunes gens pour l'aider à gérer un organisme dont il avait la charge : « la brochure à l'Église ». Il ne se doutait pas qu'il associait ainsi le futur écrivain à celui qui serait, trente ans durant, son éditeur!

On le voit, si c'est la disparition de la « Mamita » qui a conduit Gilbert Cesbron à la littérature, on peut dire aussi qu'elle l'a fait naître à la vie spirituelle. Cela apparaît clairement dans un texte qu'il lui dédie en 1953, et dont il emprunte le titre à une fameuse dédicace de Péguy : c'est « non seulement à la mémoire, mais aussi à l'intention » de sa mère toujours vivante qu'il écrit. Aussi ces pages expriment-elles sa tendresse filiale et l'angoisse de la fuite du temps, mais plus clairement encore la certitude de foi qui l'anime :

« Je salue ma mère vivante, et j'écris ces paroles non seulement à sa mémoire mais à son intention. Je salue ma mère vivante dont, chaque hiver, la neige est, sur mon front, le froid baiser et, chaque printemps, le muguet son parfum qui me fait défaillir. Enfant aux cheveux gris, je salue ma mère vivante. Les hommes qui vont mourir murmurent le nom de leur mère. Ce n'est pas un appel au secours : c'est le premier bonjour du matin éternel. Moi qui change au miroir et atteindrai demain l'âge qu'elle avait quand elle est morte, je salue ma mère vivante! » (*SAA,* pp. 88-89).

CHAPITRE 6

DANSE SUR UN VOLCAN (1934-1939)

Au terme de ses études de sciences politiques, Gilbert Cesbron décide de faire carrière au Conseil d'État. Il est séduit par l'indépendance de cet organisme qui prépare les textes de lois et apparaît le garant des droits essentiels. Mais ce qui l'attire, c'est aussi la perspective de servir l'État « et non pas une société forcément commerciale » (*CQAV*, p. 41). Ce choix professionnel est envisagé cependant comme un « second métier ». D'ores et déjà, il sait qu'il sera écrivain, mais il a si peu confiance en son talent qu'il n'envisage pas de « vivre de sa plume », comme on dit.

La vie se chargera de déjouer ces plans peut-être trop raisonnables. Gilbert Cesbron ne devait jamais, comme la plupart de ses camarades de promotion, devenir un grand commis de l'État ou faire une carrière politique. En 1936, un de ses amis, beaucoup plus âgé que lui, directeur de production au *Poste parisien,* tombe gravement malade et doit être opéré. Il lui faut quitter ses fonctions pour trois mois. Il demande à Gilbert Cesbron d'assurer son intérim. Celui-ci hésite quelque peu : la responsabilité est énorme, et il n'a que vingt-deux ans! Le *Poste parisien* était alors l'équivalent de nos actuelles « stations de radio périphériques » – mais à une époque où la télévision n'existait pas, la radio était le moyen de communication le plus moderne et le plus apprécié, le seul spectacle gratuit des Français. Quant au *Poste parisien,* c'était sans doute le plus populaire et le plus prestigieux des émetteurs! La préparation du Conseil d'État lui laissant quelques loisirs, Gilbert Cesbron, introduit par son ami, s'était déjà un peu acclimaté au monde de la radio, faisant quelques chroniques au micro, présentant les orchestres ou les émissions. Sans doute, est-ce là qu'il a acquis cette diction étonnamment ciselée et qui « passait » si bien à l'antenne. Cependant, ces premiers essais ne pesaient guère au regard des responsabilités qui lui étaient proposées! Le rôle de directeur de production consistait à inventer tous les programmes de la station et à les mettre en ondes – avec quelques collaborateurs prestigieux qui avaient pour noms : Jean Nohain, André Gillois, Pierre Dac! Gilbert Cesbron finit par accepter de relever le défi, par amitié, par attrait pour ce métier d'imagination et d'initiative et aussi par sympathie pour cette entreprise « à l'américaine » où, du directeur aux coursiers-livreurs, chacun n'est désigné que par son prénom, sans aucun souci de la hiérarchie. Trois mois de grandes vacances, et il sera bien temps ensuite de retourner à la grise préparation du Conseil d'État! En fait, Gilbert Cesbron ne revint jamais à ses études. Il se prit au jeu et décida de consacrer sa vie à la radio. Devenu directeur de production adjoint, il passe ses journées à inventer des émissions, des jeux radiophoniques. Il est notamment, avec Pierre Dac, l'auteur de la fameuse « Course au trésor » qui consistait à rassembler dix objets « introuvables », « insensés » ou « surréalistes » en quelques minutes. Quel bouillon de culture pour un jeune écrivain! On remarquera cependant, qu'à la différence des radios privées actuelles, le *Poste parisien* accordait très peu de place à l'information : deux bulletins de dix minutes par jour! Les objectifs de la station étaient essentiellement de distraire et d'amuser. Gilbert y retrouve l'atmosphère un peu futile des music-halls chers à son père. Outre les grands fantaisistes dont nous avons déjà cité les noms, il y rencontre Charles Trénet qu'il considère comme le plus grand poète populaire de cette époque.

Tous ces jeux, toute cette agitation peuvent paraître bien futiles, si on les replace dans le contexte politique de l'époque. Avec la montée du fascisme et du national-socialisme, chacun sent la guerre approcher inexorablement et c'est un peu pour s'étourdir, que les Français – notamment les auditeurs du *Poste parisien* – ne songent qu'à s'amuser.

> « La guerre était à l'horizon, explique Cesbron, tout le monde le savait. On voyait monter les nuages noirs et il y avait un peu de danse sur un volcan dans notre attitude » (*CQAV,* p. 44).

Avec le recul du temps, Gilbert Cesbron a le sentiment d'avoir vécu ces années tragiques « comme un somnambule ». Sans doute, était-il encore trop « stendhalien » pour se situer en militant ou en analyste politique. En outre, on imagine que l'intensité des événements personnels et familiaux qu'il avait vécus alors – la mort de sa mère et tous les bouleversements qui en étaient résultés – le laissaient peu disponible aux péripéties politiques qui agitaient alors le pays et le monde, autour de lui.

Ainsi, il avoue avoir été davantage marqué par l'Exposition de 1937 que par les événements du 6 février 1934, le scandale Stavisky, les Ligues ou la Cagoule. En revanche, le Front populaire et son élan de fraternité ont eu une grande influence sur l'éveil de ses conceptions politiques. « Frontiste » de cœur, il conservera toute sa vie le goût du partage social et le souci des plus démunis :

> « Cet événement a matérialisé d'un seul coup l'espèce de remords que j'avais toujours ressenti, presque depuis l'enfance, de mes privilèges » (*CQAV,* p. 99).

CHAPITRE 7

UN IMMENSE DOS ROND (1939-1945)

Lorsque la guerre est déclarée pendant l'été 1939, Gilbert Cesbron a vingt-six ans. Il vient de se marier et reçoit l'ordre de mobilisation au retour de son voyage de noces. Il part, dit-il, « avec une sorte de confiance stupide », due peut-être aux récits de la guerre de 14-18, dont il a été abreuvé durant toute son enfance. D'autant plus dure sera la chute! Il reste à jamais marqué par la « honteuse défaite » de 1940 : « Défaite est le mot, remarque-t-il : la France s'est défaite sous nos yeux » (*CQAV,* p. 47).

Comme Fabrice del Dongo à Waterloo, Cesbron affirme n'avoir « rien compris » aux événements qu'il a vécus. Il est incorporé dans un régiment d'artillerie à Agen. Peu avant la guerre, il avait en effet renvoyé son livret d'officier, afin de redevenir simple soldat! On le lui avait refusé et l'on s'était contenté de le muter à l'autre bout de la France! Pendant les loisirs forcés de la « drôle de guerre », il trouve le temps d'écrire le début de son premier roman *Les innocents de Paris.* Puis il est affecté comme officier de liaison auprès d'une division britannique. Il s'y trouve encore, lorsque se déclenche le *Blitzkrieg* de mai-juin 1940. Il est donc au cœur de l'action pour observer la déroute de l'armée française, l'exode des populations civiles. Il est clair que les descriptions de ces sombres journées que l'on trouve dans son second roman *On croit rêver* (1946) sont tissées de souvenirs personnels.

Avec son régiment, Gilbert Cesbron reflue jusqu'à l'enfer de

Dunkerque. Comme dans le livre, c'est, semble-t-il, le sentiment de fatalité qui dominait en lui pendant ces journées dramatiques :

> « Un immense dos rond : Sans doute ai-je pensé que je serais tué – et puis après? La mort est le type de choses auxquelles, sur l'instant, on ne comprend rien » (*CQAV*, p. 49).

Pour éviter d'être, comme son héros, mitraillés par l'Aviation allemande, ou fait prisonnier, Gilbert Cesbron et quelques compagnons s'emparent d'une mauvaise barque avec le projet d'atteindre un de ces bateaux de pêche ou de plaisance que les Anglais aventuraient sous les bombardements pour tenter de tirer du piège quelques vies humaines. Au moment de quitter la plage, un homme hurle sur la rive « Attendez-moi, attendez-moi ». C'était un gendarme qui appelait ainsi à l'aide. Pour le prendre à bord sans surcharger l'esquif, les naufragés jettent à la mer leur paquetage. Celui de Gilbert Cesbron contenait le début de son premier roman qu'il dut donc récrire plus tard, sans bonheur, avec sans cesse le sentiment « que la version perdue était bien meilleure », qu'il ne retrouverait jamais « l'image, la tournure, l'adjectif merveilleux qui, la première fois, lui était si spontanément venu à l'esprit » (Avant-propos de l'édition Rencontre des *Innocents de Paris*, p. 13).

Quoi qu'il en soit, la barque pourrie permet aux évadés de rejoindre un premier bateau qui fut torpillé dans la nuit. Il fallut l'évacuer, rejoindre un navire de guerre qui les conduisit en Angleterre. Les rescapés de l'enfer eurent la surprise de découvrir que

> « l'Angleterre continuait de danser, de prendre des bains et de flirter en vacances sur ces plages où ils arrivaient en assez mauvais état. C'était ridicule » (*CQAV*, p. 49).

L'accueil est cependant très chaleureux. Gilbert Cesbron est transféré dans un camp, puis invité à reprendre son métier à la

BBC. En l'occurrence, il s'agirait pour lui de « faire de la propagande en faveur de l'amitié franco-britannique » qui en avait bien besoin, à l'époque! Mais il ne songe qu'à rentrer en France. Il s'inquiète de sa jeune femme restée seule. Peut-être le croit-elle mort, car depuis la tragédie de Dunkerque, il n'a eu aucun moyen de communiquer avec elle. Aussi, dès que possible, traverse-t-il à nouveau la Manche, dans les premiers jours de juin 1940, se privant ainsi d'être un des premiers compagnons du général de Gaulle. La célèbre émission *Les Français parlent aux Français* aurait pu avoir, non la voix de Maurice Schumann, mais le timbre chaleureux de Gilbert Cesbron! Affecté à nouveau à une de ces divisions fantomatiques de l'armée en déroute, il apprend dans une ferme, au hasard d'un déplacement, que le maréchal Pétain a demandé l'Armistice.

Ni « résistant » ni « collaborateur », il vécut, dit-il, les années de guerre comme un « somnambule humilié » (*CQAV,* p. 59). « Blessé pour la vie » (*CQAV,* p. 60) par la Défaite et l'Occupation, ignorant tout des camps de concentration, Cesbron se donne tout entier à une œuvre de bienfaisance dans laquelle il peut investir la même ingéniosité et la même passion qu'au *Poste parisien.* Il devient responsable des services de documentation et de propagande du Secours national – le regroupement de toutes les œuvres charitables existant alors en France (à l'exception de la Croix-Rouge, en raison de son caractère international).

Le but de cette association était de venir en aide aux sinistrés, aux réfugiés, aux familles de prisonniers, comme aux enfants sous-alimentés. La façon dont Gilbert y œuvre efficacement pour la solidarité nous semble bien caractéristique de son tempérament aussi généreux que réaliste. Nul doute aussi que c'est l'expérience acquise pendant ces années sombres qui lui permit, trente ans plus tard, de devenir secrétaire général du Secours catholique, lequel avait été fondé selon les mêmes structures.

Le cauchemar de la guerre arrive cependant à son terme. Comme la plupart des Français, Gilbert Cesbron apprend par la rumeur publique le Débarquement en Normandie, l'avance des armées alliées... En revanche, c'est en témoin qu'il assiste aux combats de la Libération de Paris. Les premières pages de *Voici le temps des imposteurs* (1972) évoquent l'atmosphère de ces journées.

Peu après, le nouveau président du Secours national, nommé par le général de Gaulle, confirme Gilbert Cesbron dans ses fonctions (ce qui suffirait – s'il en était encore besoin – à prouver qu'il ne s'était nullement compromis avec les adeptes de l'État français). Bien mieux, Cesbron se voyait confier, de surcroît, la responsabilité d'organiser une grande collecte dans toute la nation pour faire face à toutes les détresses de l'heure. Il fallait trouver pas moins d'un milliard et demi de francs par an et des milliers de tonnes de denrées offertes gratuitement, en exaltant la générosité et le sens de la solidarité des Français! Gilbert Cesbron se jette à corps perdu dans la bataille. Lourde responsabilité pour un homme de trente ans, que son tempérament ne prédisposait nullement à être un tribun ou un homme de commandement! Il lui faut parler en public, diriger des centaines de volontaires. Il se passionne pour cette mission, au point d'y mettre en péril sa santé.

Ces tâches d'organisation de la solidarité ont beaucoup compté dans la vie de Cesbron et correspondent à un aspect fondamental de sa personnalité. A la fin de sa vie, à un journaliste qui lui demandait ce qu'il changerait à sa vie « si c'était à refaire », il répondait en substance que son seul regret était peut-être de n'avoir pas choisi comme second métier une tâche d'utilité publique :

> « J'aurais peut-être tenté d'être juge ou médecin. Mais un médecin ne doit éprouver qu'une compassion invisible, et je ne sais pas si j'y serais parvenu!
> Ou alors, j'aurais aimé me lancer à fond dans le Secours catholique, la Croix-Rouge ou quelque organisme de cet ordre » (*CQAV*, p. 312).

Pendant l'Occupation, Gilbert Cesbron avait achevé la rédaction de son premier roman, *Les innocents de Paris*. Il l'avait fait lire à un de ses compagnons de l'odyssée de Dunkerque qui se trouvait être le filleul d'Edmond Jaloux de l'Académie française, un grand critique littéraire qui vivait alors en Suisse. Le manuscrit lui fut envoyé et d'emblée, l'écrivain fut conquis par ce « premier roman ». En outre, Edmond Jaloux faisait partie du Comité de la « Guilde du livre », ancêtre de tous les clubs de livres actuels, qui venait précisément de créer un prix littéraire. Celui-ci est attribué aux *Innocents de Paris* qui, à l'insu de l'auteur, se trouve superbement édité et illustré en Suisse. Gilbert Cesbron n'en aura connaissance qu'à la fin de la guerre. Ainsi, pour son premier roman, remarque-t-il, il n'a pas connu les affres de l'écrivain : l'attente de la réponse d'un éditeur, la correction des épreuves... Son livre lui est arrivé « tout armé, tout casqué » et quand il l'a pour la première fois en main, on en a déjà vendu plus de 25 000 exemplaires au-delà de la frontière!

Quelques mois après la fin de la guerre, paraît le second roman de Gilbert Cesbron : *On croit rêver,* aux Éditions Robert Laffont, qui diffuseront désormais tous ses livres. Peu après, sous le pseudonyme Dominique Launois, notre ami écrit son premier essai : *Qui se souvient de Babylone?* Ce livre pourrait porter le sous-titre stendhalien, de « Chronique de l'après-guerre ». De fait, c'est une analyse rigoureuse des mentalités couramment répandues dans la France des années 45-47 : le désenchantement, le fatalisme, la résignation qui succédaient à l'enthousiasme de la Libération. Le titre de chaque chapitre cite une expression populaire bien caractéristique de cet état d'esprit : « on ne sait plus où l'on va », « ça ne peut aller plus mal », « on finit toujours par en sortir ». Significativement, Cesbron dédie fraternellement ce texte « à ceux qui, de toutes leurs forces, par tendresse pour leur pays et par amour de la paix, veulent l'Europe » (*CM,* p. 144).

CHAPITRE 8

UNE LIBERTÉ CHÈREMENT ACQUISE

Au lendemain de la Guerre, en 1945-1946, Gilbert Cesbron connaît une mauvaise passe : chômeur, il vivote en publiant des contes dans les journaux. Moyens de subsistance bien précaires pour qui a trois enfants à charge! Certes, il a la certitude que son frère ou son père – relativement fortunés – lui viendront en aide si sa situation devient par trop dramatique. Néanmoins, on peut imaginer que son tempérament anxieux a dû trouver insupportables ces mois d'incertitude. Cette expérience n'est peut-être pas sans lien avec la façon si particulière dont il a conduit sa carrière d'écrivain.

Dès 1946-1947, en effet, il retrouve ses fonctions de directeur des programmes au *Poste parisien* – et il continuera ensuite sa carrière à Radio-Luxembourg qui prendra le relais de cette station. On peut s'étonner, qu'en fait de « second métier », il ait accepté des fonctions aussi importantes. Mais c'est que, pour lui, il était capital de ne pas vivre de sa plume : « C'est votre plume, au contraire, dit-il avec humour dans son *Journal sans date,* qui doit vivre de vous! » Cette indépendance économique était à ses yeux la condition de sa liberté de créateur : à des lycéens qui l'interrogeaient sur son œuvre, il expliquait, un jour :

> « J'ai toujours eu un second métier, parce que je veux être libre dans mon écriture. C'est assez paradoxal de dire

que, parce que je suis dans un bureau huit heures par jour, je suis plus libre et pourtant c'est la vérité. C'est parce que j'ai un second métier que premièrement, je mène la vie de tout le monde, et par conséquent, j'ai le droit d'écrire des histoires destinées à tout le monde. Deuxièmement, c'est parce que j'ai un second métier, parce que je suis un salarié, que je peux écrire des livres sans du tout tabler sur leur succès commercial » (enregistrement au magnétophone, 1975).

Ce double métier entraîne, on s'en doute, toute une ascèse de l'existence. Gilbert Cesbron doit grappiller le temps d'écrire sur ses trop rares moments de loisirs... Et aussi en marchant. Curieusement, c'est pendant le long trajet qui sépare son domicile de son bureau qu'il rédige le plus clair de son œuvre :

> « Tous mes livres, dit-il, je les ai écrits en marchant. Non pas conçus, construits, mais véritablement écrits dans la rue, ligne à ligne, sur des carnets » (*JSD,* p. 253).

Écrivain piéton, Gilbert Cesbron accomplit quatre fois par jour le même trajet immuable, depuis son appartement du boulevard Saint-Germain jusqu'à son bureau, Place de Valois, près du Louvre.

> « Durant quinze ans, raconte-t-il, j'ai suivi le même itinéraire aux mêmes heures. Mon avance ou mon retard, je ne les évaluais plus en temps, mais en distance. L'heure sonnait : j'étais en retard d'un pont, et non pas de cinq minutes » (*JSD,* p. 235).

C'est aussi dans les transports en commun que Gilbert Cesbron aime travailler. Il griffonne, fait « provision de visages ». C'est dans un autobus notamment qu'il déclare avoir « rencontré » les héros d'*Avoir été.* (Sans doute comme plusieurs de ses personnages, l'écrivain utilise-t-il aussi le temps des trajets pour prier?)

Par ailleurs, les responsabilités importantes que Gilbert Cesbron exerçait sur le plan professionnel lui permettaient d'être au cœur de l'événement, sinon de le susciter. Radio-Luxembourg connaissait alors un prodigieux succès populaire. Deux gigantesques chapiteaux de cirque sillonnaient en permanence la France : le « Radio Théâtre » et le « Radio Circus ». C'est dans le cadre de ce dernier qu'avait lieu le fameux jeu radiophonique « Quitte ou double ». En 1949, un des lauréats les plus brillants fut l'abbé Pierre qui constituait alors sa première communauté Emmaüs – à la fois pour la réinsertion des marginaux et l'aide aux plus déshérités. Le micro de Radio-Luxembourg constituait pour lui une tribune inespérée car la France entière écoutait cette émission. En expliquant comment il allait utiliser les millions qu'il venait de gagner au jeu, il présenta les objectifs de son œuvre que personne ne connaissait alors.

Quelques mois plus tard, en janvier 1950, lorsqu'un bébé mourut de froid dans un bidonville, il revint au micro lancer « l'Insurrection de la Bonté ». A son appel, des milliers de Parisiens sortirent dans la nuit pour porter secours aux sans-abri. Les stations de métro se transformèrent en asile de nuit, la gare d'Orsay devint un gigantesque ouvroir. Le petit prêtre maladroit et candide avait déclenché le plus formidable « coup de cœur » qu'on ait jamais vu en France.

C'est au hasard d'une conférence que Gilbert Cesbron l'avait rencontré, quelques années plus tôt :

> « L'orateur était un prêtre avec une soutane usée, un ceinturon (...), des godillots de soldat, et il parlait en zézayant. Au début, on se demandait ce qu'il faisait là et comment on pouvait l'écouter. Et presque immédiatement, on était pris par le feu de sa parole. Une fascination inexplicable. Le contraire même de l'éloquence, et pourtant... » (*CQAV,* p. 260).

Subjugué par cette voix prophétique, Gilbert Cesbron collabore à l'action naissante d'Emmaüs :

« J'ai un peu travaillé pour l'abbé Pierre. Un jour, j'étais allé faire une conférence à Bruxelles avec deux autres amis, ses collaborateurs. Quand on faisait des conférences sur Emmaüs, on plaçait à la sortie de grandes poubelles où les gens jetaient leur argent. A la sortie de notre conférence, ces poubelles étaient pleines de pièces et de billets. Mais, dans l'une d'entre elles, on a trouvé une bague, une petite bague de jeune fille. J'imagine que c'était une jeune fille qui, n'ayant pas d'argent sur elle, avait donné ce que probablement elle possédait de plus précieux... » (*CQAV*, p. 262).

En 1949 Gilbert Cesbron fait la rencontre la plus importante de sa vie, à ses yeux : celle du Dr Schweitzer (1875-1965). C'est en 1936, grâce à un article de Claude Bourdet, qu'il avait découvert le médecin de Lambaréné (Gabon) – mais il n'oublie pas qu'outre son apostolat héroïque, Schweitzer fut un musicien, un théologien et un philosophe considérables.

Dans les années 40, bien avant de rencontrer physiquement Albert Schweitzer, Gilbert Cesbron avait écrit une pièce qui le mettait en scène. En romancier, en dramaturge, il avait été frappé par l'épisode étonnant et hautement dramatique de l'arrestation et de l'internement du Dr Schweitzer, au début de la guerre de 1914. En tant qu'Alsacien, Schweitzer était, en effet, considéré comme sujet allemand par l'administration coloniale française au Gabon. Ce trait constitue le point de départ et le ressort de toute la pièce. En outre, le dramaturge imagine la rencontre entre Schweitzer et deux personnages non moins immenses qui ont vécu à quelques centaines de kilomètres de Lambaréné : Lyautey et le Père de Foucauld. C'est en allant lui demander l'autorisation de « monter » cette pièce, que Cesbron rencontra pour la première fois Albert Schweitzer en chair et en os. Celui-ci, raconte-t-il, avait attendu de voir son regard pour prendre sa décision!

La pièce fut publiée en 1951 sous le titre *Il est minuit Docteur Schweitzer.* Elle connut un rapide succès populaire –

un succès encombrant même, en ce sens que le titre devint slogan, cible pour les chansonniers. N'importe. La pièce avait du moins contribué largement à faire connaître la personne et l'œuvre de Schweitzer qui étaient scandaleusement ignorées dans le grand public français.

CHAPITRE 9

« LA RENOMMÉE ET SES SOUS-PRODUITS » (1952-1953)

La publication des *Saints vont en enfer,* en 1952 – nous aurons l'occasion d'y revenir – marque un tournant dans la carrière d'écrivain de Gilbert Cesbron. Dans les années précédentes, sa production littéraire avait été abondante – mais d'une nature assez différente. Après ses deux premiers romans, il publie coup sur coup, *La Tradition Fontquernie* (1947) et *Notre prison est un royaume* (1948). La même année, le théâtre Melingue à Belleville joue sa pièce *Briser la statue.* Le titre indique clairement l'intention de l'œuvre : il s'agit de briser la statue saint-sulpicienne, rose et mièvre de « Sainte Thérèse de Lisieux » et de rendre son vrai visage à « Thérèse de l'Enfant Jésus et de la Sainte Face ». Les conditions de la mise en scène étaient pour le moins précaires et l'accueil du public mitigé. Mais Gilbert Cesbron exagère sans doute quelque peu lorsqu'il affirme que, certains soirs, il y avait plus d'acteurs sur le plateau (22) que de spectateurs dans la salle! Si la pièce ne fut pas un succès commercial, elle fut bien accueillie par la critique qui avait peu de spectacles, il est vrai, à se mettre sous la dent, en cette époque de pénurie.

En 1949 – Gilbert Cesbron a trente-six ans – le lecteur se trouve frustré de sa rencontre annuelle avec l'écrivain. Aucun ouvrage n'est publié. Peut-être parce que l'auteur s'est brisé accidentellement le coude droit qui – définitivement – devient « impliable ». Gilbert Cesbron n'en éprouve aucune gêne pour écrire, mais se trouve handicapé pour beaucoup d'autres gestes de la vie courante. Cependant, il a l'élégance (ou la politesse) de dissimuler cette gêne à ses amis (et, malgré de nombreuses rencontres avec lui, je n'ai eu connaissance de ce détail qu'en lisant son long dialogue biographique avec Maurice Chavardès : *Ce qu'on appelle vivre*, Stock, 1977).

En 1950, Cesbron publie un nouveau roman *La Souveraine,* dont le personnage principal – une châtelaine qui défend son domaine contre vents et marées – lui a été inspiré par la grand-mère de son épouse. C'est dans la maison de « La Souveraine », devenue la maison des vacances, que Cesbron a écrit bon nombre de ses livres. Il espérait achever sa vie dans ce paysage paisible du Loir-et-Cher dont il évoque la beauté candide dans un très beau texte du recueil *Des leçons d'abîme :*

> « Un jour, je vivrai presque toutes mes journées dans ce pays d'adoption – je l'appelle ainsi, non que je l'aie moi-même adopté, mais c'est lui qui m'a pris au piège – dans ce pays qui ne m'a pas vu naître mais dont j'espère qu'il me verra mourir. J'y ai acheté quelques arpents de vigne pour arrondir le petit domaine, mais aussi les quelques mètres carrés qui, dans le cimetière, recevront " ma dépouille et ma semence " et celles des miens. C'est un geste grave, l'alliance définitive avec une certaine terre. C'est fait » (*DLA,* p. 75).

Effectivement, la retraite lui permit, mais pour peu de temps, de « voir vieillir l'automne » au bord du Cher (lettre inédite 2 septembre 1973). Et c'est dans le petit cimetière de la commune que repose Gilbert Cesbron, depuis le 15 août 1979.

En 1951, Gilbert Cesbron met les bouchées doubles. Outre la pièce *Il est minuit Docteur Schweitzer,* dont nous avons déjà parlé, paraît un recueil de contes, *Traduit du vent* qui ouvre une nouvelle voie dans son œuvre. Il publiera cinq autres volumes de contes ou de nouvelles, qui semblent donner issue au trop-plein de sa puissance créatrice.

En 1952, le père de Gilbert Cesbron meurt, quelque vingt ans après son épouse. « Ça a été l'écroulement du dernier pan de mur de mon enfance », écrit le romancier (*CQAV*, p. 126). La même année, un tournant caractéristique s'amorce dans son œuvre avec la publication des *Saints vont en enfer*. Il y avait près de dix ans que Gilbert Cesbron songeait à écrire ce livre : depuis sa lecture de *France, pays de mission?* (1943) qui trace un portrait sans complaisance de la déchristianisation dans notre pays. Pour se mettre dans l'ambiance de son roman, Gilbert Cesbron cherche longtemps à prendre contact avec une communauté de prêtres ouvriers. Enfin, l'une d'elles, à Montreuil, l'accueille fraternellement. Pendant un an et demi, il y passe au moins un soir par semaine. Rencontre bouleversante pour lui, que celle de la misère ouvrière et aussi de ces prêtres vivant de l'Évangile au cœur du monde. A évoquer ces soirées, vingt-cinq ans plus tard, il retrouvait intacte la fraîcheur de son émotion :

> « Dans cette communauté, on m'a admis, tutoyé, appelé par mon prénom. J'ai déclaré d'entrée de jeu que je voulais écrire un livre sur les prêtres-ouvriers. Cela a fait beaucoup rire, mais enfin on m'a admis, fraternellement. " Fraternellement " : si jamais ce mot m'a paru avoir un sens, c'est bien là. Oh! mes amis de Montreuil... Quelle honte j'y ressentais de mon confort, de ma sécurité, de mes calculs... J'ai rencontré là, sans aucun maquillage, le visage de l'Amour. " Là où deux d'entre vous... " Oui, j'ai ressenti là comme jamais la présence du Christ parmi nous. Mais aussi mon indignité, ma médiocrité... Écoutez, je suis un vieil imbécile, un vieil enfant : voici que j'ai les larmes aux yeux en resongeant à Montreuil. Là-bas, j'ai été totalement retourné, " bouleversé " au sens propre du terme, comme peut l'être un jeune bourgeois qui n'a jamais été pauvre et découvre brusquement la condition ouvrière, les grèves, les logements insalubres, le malheur, le désarroi, la solitude et, en même temps, la solidarité, l'Évangile

vécu par des gens qui ne savent même pas que le mot " Évangile " existe » (*CQAV*, p. 95).

Au grand étonnement de Gilbert Cesbron qui avait trouvé le premier tirage (30 000 exemplaires) trop ambitieux, le roman *Les saints vont en enfer* rencontra un énorme succès. Le livre fut tiré à plus d'un million et demi d'exemplaires – notamment grâce au « Livre de poche ». Cet engouement était dû en partie à l'aspect documentaire de l'ouvrage. Sa description des conflits sociaux contribuait aussi à rendre le livre très actuel : quelques mois après la publication, des grèves très dures éclatèrent en France. L'une d'elles dura plus de trois semaines au mois d'août et toucha trois millions de salariés. On voit apparaître aussi, en filigrane du récit, les tensions internationales de l'époque : l'atmosphère de « Guerre froide » entre l'Est et l'Ouest, la guerre de Corée et celle d'Indochine, l'exécution des époux Rosenberg et les soubresauts du Maccarthysme... Au point qu'à la tribune de la Chambre des députés, Jeannette Vermersch – la compagne de Maurice Thorez – dénonça l'idéologie pernicieuse du roman qui ne méritait sans doute, ni cet excès d'honneur ni cette indignité!

Enfin, quelques semaines avant la parution du roman, la décision du Vatican de mettre fin à l'expérience des prêtres-ouvriers avait braqué les projecteurs sur ces hommes. Aussi, le succès du roman valut-il à Cesbron une certaine rancœur de la part de plusieurs d'entre eux : son témoignage était si nuancé et dénué de parti pris qu'il fut parfois accusé d'avoir voulu apporter de l'eau au moulin des adversaires de l'expérience de la mission ouvrière! Pour prouver sa bonne foi, Cesbron promit à ses amis de Montreuil que jamais on ne tirerait un film du roman. Et l'éditeur Robert Laffont me faisait remarquer un jour avec admiration que Gilbert Cesbron avait eu quelque mérite à tenir parole devant les offres alléchantes des producteurs.

Quoi qu'il en soit, le succès du livre va entraîner de profondes modifications dans la carrière de l'écrivain :

« A partir de ce moment, confie notre ami, mes livres ont connu le succès; mais aussi, à partir de ce moment, la calomnie, la hargne, l'envie allaient s'abattre sur moi. Que n'a-t-on pas raconté! Et j'étais alors si vulnérable... Sans parler du mépris de l'Intelligentsia, qui ne m'a plus quitté depuis. Elle avait porté aux nues *Les innocents de Paris,* mais que je me permette de devenir, sans le chercher, ce qu'on appelle sottement un " best-seller ", c'était inexpiable. Avant cette année-là, j'étais bien tranquille : j'écrivais avec bonheur des livres agréables à composer, dont on vendait dix à quinze mille exemplaires, qu'on traduisait très peu, mais qui ne me valaient ni attaques ni approbations. Après *Les saints vont en enfer,* ce furent généralement des livres douloureux à écrire, qui connaissaient un gros tirage, de nombreuses traductions, un courrier permanent de lettres bouleversantes d'amitié ou blessantes de haine. Sans parler des demandes de toutes sortes, des interviews qui trahissent le livre, de tout ce qui constitue le sous-produit de la renommée... Mais soyons juste : il y a, pour compenser, emporter, submerger le tout, cette grâce, cette joie immense, indue, de pouvoir partager ses idées et ses convictions avec des centaines de milliers de gens. Et cela, il est normal de le " payer " d'une façon ou d'une autre » (*CQAV,* p. 100).

En dépit de son aspect de témoignage, le roman le plus célèbre de Gilbert Cesbron est bien loin, pourtant, de n'être qu'un reportage, dans lequel l'auteur ne se livrerait pas en profondeur. Un événement survenu quelques mois après la parution du livre en témoigne. Pendant l'été 1953, Gilbert Cesbron risque la noyade sur une plage de l'Atlantique. L'épisode mérite d'être relaté par son riche symbolisme et aussi parce qu'il exprime clairement la spiritualité de l'auteur. Une spiritualité qui n'est pas sans analogie avec celle du héros des *Saints vont en enfer.* Au cours d'une baignade, donc, gêné par le handicap de son bras droit, Gilbert Cesbron se sent « piégé par la mer », incapable de revenir vers la plage et isolé d'elle par le rouleau de vagues qui ourle le littoral. Il se sent seul et près de couler. Son épouse Dominique est restée sur la grève déserte... Mais mieux vaut, sans doute, laisser la parole au romancier lui-même pour le récit et la leçon qu'il en tire :

> « A un certain moment, Dominique a levé les yeux, m'a vu au loin et son cœur s'est mis à battre sans raison. Elle m'a crié (c'est son propre récit que je vous fais) : " Est-ce que ça va? " J'ai fait signe de la main que ça n'allait pas. (Je ne pouvais plus revenir, j'étais loin, je perdais le souffle.) Alors, elle est partie toute seule et, me dit-elle, n'a pas cessé de prier pendant tout ce temps. Elle passait sous les " barres " et, lorsqu'elle refaisait surface, elle se demandait chaque fois : " Sera-t-il encore là? " Elle est arrivée jusqu'à moi et, à partir du moment où elle m'a touché la main, j'ai su qu'on s'en tirerait et j'ai repris des forces. Nous sommes parvenus jusqu'à la plage où nous nous sommes effondrés tous les deux. (...) Dominique m'a donc sauvé contre tout réalisme, tout bon sens, en priant tout le temps. " Si vous aviez de la foi gros comme cette semence... " Comment ne pas songer à cette parole? Et à cette autre : " Ce que vous demandez à Dieu, croyez que vous l'avez obtenu et cela vous sera donné! " – définition fulgurante de la Foi. Et de l'Espérance. Et de l'Amour aussi. Bref, définition du christianisme... » (*CQAV*, p. 127).

Le familier de l'œuvre de Gilbert Cesbron ne peut manquer de remarquer que cet épisode reprend terme à terme un passage des *Saints vont en enfer* où, contre toute vraisemblance, un enfant moribond revient à la vie, à la prière du prêtre-ouvrier.

CHAPITRE 10

CE SIÈCLE DE PROIE (1953-1960)

Promu à une certaine notoriété dans le grand public grâce au succès de son roman, Gilbert Cesbron, à quarante ans, fait suffisamment autorité, désormais, pour pouvoir témoigner de ce qu'il croit juste et vrai avec quelque chance d'être entendu. Il multiplie les prises de position dans les journaux, voire les lettres aux chefs d'État. Il s'engage personnellement dans chacune des grandes « affaires » qui agitent l'opinion publique. Il le fait en se laissant guider davantage par son cœur que par des convictions politiques déterminées. Cet éclectisme se sera pas toujours apprécié de l'intelligentsia volontiers partisane! Comme tant d'autres, il intervient en faveur des époux Rosenberg, accusés d'espionnage aux États-Unis, prend fait et cause pour Henri Martin, ce jeune marin emprisonné pour son refus de faire la guerre en Indochine et pour lequel le parti communiste avait déclenché une vaste campagne de propagande : « Pour moi, écrit-il, ce n'est pas au nom de Staline que je demande la libération d'Henri Martin, mais au nom du Christ : d'un innocent condamné parce qu'il troublait l'ordre » (*CM,* p. 82). Mais inversement, ce n'est pas parce que les communistes ont adopté ce combat qu'il s'interdit d'y participer :

> « Il n'y a pas un pain communiste et un pain chrétien, des taudis communistes et des taudis chrétiens, un chô-

> mage communiste et un chômage chrétien ; il est possible qu'il y ait une paix communiste et une paix chrétienne, mais l'absence de guerre est notre affaire à tous » (*CM*, pp. 81-82).

Mais ce sont aussi les faits de société qui l'amènent à réagir : l'érotisme envahissant (*L'opération poitrine, SAS*, p. 32) ; l'atmosphère délétère des romans policiers de « série noire » (*N'y touchez pas, SAS*, p. 63) ; les abus de la publicité (*Un pavé de bonnes intentions, SAS*, p. 39). Tous ces articles de circonstance seront repris et réédités par la suite en volumes, accompagnés de nouvelles, de brefs aphorismes ou de textes de réflexion plus amples.

Gilbert Cesbron devait publier huit ouvrages de ce type. Le premier d'entre eux, *Chasseur maudit*, paraît en 1953, dans le sillage, si l'on peut dire, des *Saints vont en enfer*. Puis, dans les années suivantes : *Ce siècle appelle au secours* (1955), *Libérez Barabbas* (1957)... Écrivain comblé, Gilbert Cesbron a la surprise de constater que ce genre d'ouvrage recueille lui aussi les faveurs du public. Certains de ces essais furent tirés à 25 000 exemplaires (parfois 100 000 grâce au livre de poche) : chiffres inespérés pour ce type d'ouvrage !

Deux ans après *Les Saints vont en enfer*, paraît le septième roman de Gilbert Cesbron, qui évoque le drame de l'enfance délinquante : *Chiens perdus sans collier* (1954). De même que l'ouvrage précédent avait révélé aux Français l'apostolat des prêtres-ouvriers, ce nouveau livre leur permettait de découvrir la mission des « éducateurs » et du juge des enfants que la nouvelle législation à l'égard des mineurs avait institué au lendemain de la guerre. Comme il l'avait fait auprès des prêtres-ouvriers, Cesbron prend le temps de s'imprégner de son sujet, il passe des heures, dissimulé dans un coin du bureau d'un juge pour enfants ou d'un psychiatre de l'Assistance publique, visite des centres de rééducation...

Quelques mois après la rédaction du roman, il a le sentiment de « découvrir la Création » :

> « Je ne sais pourquoi, raconte-t-il, brusquement j'ai été touché par la merveille de la création : l'arbre, l'eau qui coule, tout ce qui auparavant m'enchantait mais que je considérais comme de la routine saisonnière, quelque chose de dû, de normal. Brusquement, comme par un grand sursaut d'enfance, j'ai vu tout cela d'un regard neuf – et depuis ce sentiment ne m'a plus guère quitté! » (*CQAV*, p. 128).

Il ne semble pas pourtant que cette prise de conscience ait entraîné une modification perceptible du style romanesque de Gilbert Cesbron : c'est essentiellement d'une évolution religieuse qu'il s'agit :

> « Je dis que j'ai découvert " Dieu le Père " à ce moment-là; naturellement, c'est une image. En fait, la Création, le côté superbe, terrifiant, tragique, vivant, permanent de la Création m'a brusquement submergé, voilà tout. Depuis cette année-là, il me semble que le chemin est tout droit. Il me semble qu'ayant fait alliance avec Dieu le Père, avec l'Inconnaissable, après avoir, vingt ans auparavant, fait alliance avec le Christ, j'ai commencé enfin à avancer sur le chemin. C'est la " longue marche " – qui est loin d'être finie – vers la non-violence et la transparence. Cette transparence me paraît le but de la vie, la porte d'entrée du royaume, du royaume parmi nous. Je parle de la façon de vivre ce monde, d'aimer la Création et les créatures, indissociablement. C'est la quatrième Béatitude : " Bienheureux les cœurs purs ", la béatitude de la transparence. Il faut devenir transparent pour voir Dieu à travers les autres, et que Dieu soit visible aux autres à travers vous! » (*CQAV*, p. 128).

En 1956, Gilbert Cesbron publie un nouveau roman : *Vous verrez le ciel ouvert.* Ce livre qui a pour thème une apparition de la Vierge dans un chantier de barrage en haute montagne, s'enracine lui aussi dans l'expérience personnelle de l'auteur : en 1954, il découvre Lourdes (où, précisément, se situe le premier chapitre du roman) :

> « Là-bas, j'ai découvert cette alliance unique de douleur, de courage, de foi et d'espérance : on vient reprendre des forces et non pas guérir. J'ai vu, j'ai entendu des malades désirer que ce soit tel autre qui guérisse, et non pas eux-mêmes parce que l'autre était plus malade... » (*CQAV*, p. 154).

En 1958, paraît un roman dans lequel Gilbert Cesbron s'est personnellement beaucoup impliqué : *Il est plus tard que tu ne penses*. C'est un roman de l'amour conjugal – et nous avons déjà senti l'importance de la vie de couple pour l'écrivain. Mais le thème du livre, c'est aussi le cancer : « Un des personnages invisibles les plus marquants de notre époque » (*CQAV*, p. 158). Jeanne meurt d'un cancer, comme le feront plus tard des personnages essentiels de *Don Juan en automne* (1975) ou de *Voici le temps des imposteurs* (1972). On ne peut relire aujourd'hui sans émotion ces pages prémonitoires qui annoncent la destinée de Gilbert Cesbron lui-même.

L'année suivante, il compose le scénario et les dialogues d'un film consacré à Bernadette Soubirous, la petite voyante de Lourdes : *Il suffit d'aimer* (1960). (Aujourd'hui encore, le film est projeté en permanence à proximité du sanctuaire.) Comme il l'avait fait pour Thérèse de Lisieux, Gilbert Cesbron s'efforce de « briser la statue » et de retrouver, par-delà l'image de piété, le vrai visage de Bernadette – notamment au cours des années grises qui suivirent les apparitions.

En 1960, encore, paraît *Avoir été* qui semble renouer avec la veine des premiers romans. L'intrigue y est, semble-t-il, plus psychologique que sociologique : le compagnonnage entre le vieux Kléber et le petit Patrick, son fils (ou son petit-fils) adoptif, n'est pas sans analogie avec le thème de *La Souveraine* (1949). Une fois encore, « le temps est le personnage principal » du roman

(*CQAV,* p. 164) : l'enfant parvient à l'âge ingrat, au moment même où le temps fait entrer le vieillard « dans cet âge qui n'est plus la jolie vieillesse, la vieillesse attentive, disponible » *(ibid.).* Et, comme toujours, le temps tisse le malentendu et le drame entre les personnages.

Cependant, le livre n'est pas moins enraciné que les précédents dans son époque. A travers le personnage du vieux Kléber, c'est toute la situation des personnes âgées dans notre société qui se trouve évoquée – de la retraite au « mouroir » (chap. 8). En outre, Gilbert Cesbron a choisi pour décor une petite localité de la banlieue parisienne, que l'on voit se transformer, atteinte peu à peu par la modernisation et l'urbanisation galopantes. Amoureux de la banlieue, quand « elle était encore la banlieue, c'est-à-dire les fiançailles un peu surréalistes de la ville et de la campagne » (*CQAV,* p. 279), Gilbert Cesbron se désole de la voir mourir sous l'appétit des promoteurs immobiliers. Dès les années d'après-guerre, il aimait passer des dimanches entiers en exploration dans la banlieue :

> « prenant le train, descendant à n'importe quelle station assez proche, me perdant un peu, cueillant un autobus de hasard, puis un autre – et me retrouvant le soir, épuisé, poudreux, ayant fait provision d'insolite, de paradis perdu » (*LVCE,* p. 10).

Au cours de ces promenades sont nés un grand nombre de récits. En 1974, Gilbert Cesbron les rassemblera sous le titre *La ville couronnée d'épines.*

CHAPITRE 11

DES ANNÉES DE FEU ET DE SANG (1960-1966)

Entre 1958 et 1963, la France est secouée par les derniers soubresauts du drame algérien, qui avait éclaté à la Toussaint 1954. C'est donc en plein cœur de l'événement – et non sans courage – que Gilbert Cesbron publie, en octobre 1962, son roman *Entre chiens et loups* qui, précisément, a pour cadre la guerre d'Algérie.

Dans les années qui avaient précédé, il avait su prendre position, sans concession. Dans l'atmosphère passionnée de l'époque, exprimer ainsi publiquement son avis et signer ses prises de position ne relevait pas seulement d'un « courage de papier » comme celui du héros de son roman. Les articles publiés à l'époque seront rassemblés, quelques années plus tard, dans son essai *Une sentinelle attend l'aurore* (1965). Dès 1957, Cesbron dénonce tout à la fois certaines atrocités commises par le FLN (*Ecce homo, SAA,* pp. 137-138) et l'utilisation de la torture par les officiers de renseignements français (*La célèbre Jeanne d'Arc, SAA,* pp. 139-143). A ce sujet, il a une vive polémique avec un aumônier militaire qui prétendait trouver des justifications morales et religieuses à de telles pratiques :

> « Il est odieux d'évoquer, comme le font certains, les bourreaux d'Hitler à propos de nos frères soldats en Algérie; mais se réclamer de Jeanne d'Arc pour justifier la torture, alors qu'elle en mourut, c'est assimiler l'héroïne

la plus pure de l'histoire de France à " la Chienne de Büchenwald ". Cela porte un nom, monsieur l'Aumônier : Sacrilège » (1957, *SAA,* p. 142).

En chrétien évangélique et qui n'entend pas sacrifier ses convictions vitales à ses opinions, Gilbert Cesbron se découvre partagé devant le déferlement de la violence de l'un et l'autre bord : « Il faut aider son prochain. Cependant lorsque nos prochains s'entretuent, lequel préférer? (*SAA,* p. 149). Aussi, on devine que, pour aborder, dans *Entre chiens et loups,* ce sujet brûlant, il adopte une position aussi peu partisane que possible. Dans l'avant-propos du roman, il précise qu'il s'est inspiré pour écrire son livre, de témoignages contradictoires de combattants, et il cite les titres de deux livres tous deux saisis, mais pour des raisons politiques diamétralement opposées! En revanche, très impressionné par le geste du général de la Bollardière qui préféra abandonner son commandement plutôt que de tolérer la torture, il lui rend un hommage transparent, dans le roman, sous le nom de Vieillevigne (*ECL,* p. 140). Un autre nom – explicitement cité, cette fois – est celui du Père Régamey, dominicain, qui vulgarisa dans le monde chrétien d'expression française, les concepts de la non-violence. Il semble bien que la lecture de son ouvrage ait été pour Gilbert Cesbron une découverte essentielle. Après la rédaction du roman, il ne cessera d'approfondir sa réflexion et sa pratique non violentes et d'y faire référence dans ses écrits. Une non-violence, on le notera, qui ne tombe pas dans l'angélisme. Pour Cesbron, comme pour Gandhi, la non-violence ne signifie nullement l'acceptation des injustices et des scandales. Il remarque à ce sujet :

> « Il n'y a (relisez attentivement le texte) aucune colère dans Jésus chassant du Temple les changeurs et les marchands. C'est nous qui l'y supposons, tout naturellement. Mais la non-violence doit parfois, sans colère, accomplir les gestes de la colère » (*BR,* p. 180).

Dans le prolongement de son livre qui évoquait le refus de porter l'uniforme, Cesbron est amené, dans les années 60, à militer en faveur de l'instauration en France d'un statut de l'objection de conscience. Cet engagement l'amènera à payer de sa personne et à participer en dépit de ses réticences, à une marche silencieuse de protestation. Dans le feu du débat il en vient aussi à se brouiller avec Michel Debré, son ancien condisciple de l'École des sciences politiques.

Est-il besoin de souligner enfin, qu'*Entre chiens et loups* n'est pas seulement un témoignage sur la guerre d'Algérie et la non-violence, mais aussi une réflexion sur le courage. Gilbert Cesbron a reconnu à plusieurs reprises qu'il se sentait proche de Roland Guérin, le héros de son roman :

> « Je suis né docile, reconnaît-il. C'est pour réagir contre cette disposition détestable que j'ai fait preuve, en m'y contraignant chaque fois, de ce " courage de papier " dont certains me félicitent mais qui ne m'en a jamais imposé. En fait, j'aurais aimé être naturellement brave, même stupidement » (*MECM,* p. 67).

Mais, pour lui comme pour Roland Guérin, ce « courage de papier » est le chemin d'un courage plus essentiel qui a fait de lui un non-violent. Comme il nous l'écrivait en 1966, son courage n'a rien de commun avec celui des matamores et des foudres de guerre « prompts au combat de coq, mais sans aucun courage pour le quotidien ». Son courage est de pierre, comme celui de Roland : un courage fait de patience et d'humilité, d'acceptation paisible de ce qui vient et de domination sur soi-même; ce courage-là est foi, espérance et charité : certitude religieuse d'être dans la main de Dieu, tendresse à l'égard de toutes les créatures comme à l'égard de soi-même.

Outre la guerre d'Algérie et le surgissement de la non-violence, les années 60, c'est aussi, pour le chrétien Gilbert Cesbron, le temps du Concile Vatican II. Solennellement annoncé par le pape Jean XXIII, le 29 juin 1959, le Concile s'ouvrit le 11 octobre

1962 et prolongea ses travaux jusqu'au 7 décembre 1965, sous le pontificat de Paul VI – un pape qu'il surnomme affectueusement : « Son humilité Paul VI », lorsque celui-ci, en s'agenouillant à Bethléem, prononce « l'immense acte de contrition d'une Église sainte et pourtant indigne » (*SAA,* p. 70). Tel est, précisément, pour Gilbert Cesbron, le principal bilan des deux premières sessions du Concile :

> « Je laisse aux spécialistes le soin de décréter si la première session fut plus " fructueuse " que la seconde, et à la presse du soir d'afficher qu'elle fut plus " spectaculaire ". Je laisse à chacun de se réjouir d'y voir évoqué, sinon résolu, le problème qui le hante : Unité, Liturgie... Pour moi, j'ai reçu la flèche que j'attendais depuis si longtemps, le jour où les deux mille cinq cents ambassadeurs de la chrétienté ont affirmé que l'Église catholique, ma Mère, devait redevenir l'Église des pauvres » (*SAA,* p. 69).

Gilbert Cesbron prend fait et cause pour les réformes préconisées par le Concile et n'hésite pas à ferrailler tout autant avec les intégristes qui refusaient d'être bousculés par Vatican II qu'avec les progressistes qui s'irritaient des lenteurs du renouvellement de l'Église. Le recueil *Des leçons d'abîme* (1971) reprend les textes publiés à cette époque dans la presse, sous le titre évocateur *La mère malade.*

En 1963, paraît en France le premier volume de ce *Journal sans date* qui avait connu, cinq ans plus tôt, une première édition en Suisse, sous le titre *La fleur, le fruit, l'amande* (La Guilde du Livre, Lausanne 1958). L'ouvrage eut l'heur de plaire aux lecteurs, et ce premier tome fut suivi par quatre autres (dont deux publiés à titre posthume). Il réunit, dans un apparent désordre (commandé, en fait, par le seul désir de variété), « des pensées, des images, des ébauches, mais aussi des poèmes éclair, des dialogues express, des contes miniatures, parfois même des jeux » (*CQAV*, p. 179). Autant d'esquisses qui auraient pu devenir parfois romans, essais ou pièces de théâtre : « Fleur, fruit, amande, si différents d'aspect, ne sont, en effet, que les étapes d'un même être, comme les pensées et les images, toutes diverses qu'elles soient, témoignent d'un seul esprit » (*JSD*, p. 141). Le but de ce livre, quoi qu'il paraisse, n'est pas de solenniser et de donner un écho aux moindres pensées de Cesbron; il semble procéder bien plutôt de son souci de donner au lecteur le maximum de ses richesses, de dire tout ce qu'il savait, de « rendre tout ce qui lui a été donné » (*JSD II*, p. 186).

En 1963, Gilbert Cesbron pose sa candidature à l'Académie française. La décision peut étonner de sa part quand on sait sa méfiance instinctive pour les honneurs. Pour motif de conscience, il refusa toujours la Légion d'honneur, comme toute autre décoration, d'ailleurs. En revanche, lorsqu'André Maurois, qu'il connaissait à peine, le fit venir à son domicile pour l'encourager à poser sa candidature et l'assurer de son appui, Gilbert Cesbron ne crut pas devoir refuser. Il effectua les visites rituelles aux académiciens en titre, entendit des promesses formelles... et eut la désagréable surprise de constater qu'au moment de l'élection, ces écrivains que souvent il admirait, n'avaient pas tenu parole! Ce fut une élection « blanche », c'est-à-dire qu'il manqua trois ou quatre voix à Gilbert Cesbron pour être élu, et les autres candidats se virent également récusés. Une nouvelle candidature, en mars 1966, ne fut pas davantage couronnée de succès.

Au-delà de sa déconvenue, Gilbert Cesbron retirait de l'expérience le sentiment amer d'avoir été floué. « Ma déception personnelle n'est rien, nous écrivait-il alors; mais grande ma désillusion devant la duplicité et le manque d'honneur (dont j'ai les preuves orales et même écrites) d'hommes que j'estime et pour certains que j'aime. Quel horrible piège, les honneurs! » Et sans transition, il parlait aussitôt de « Pâques à tire d'ailes », du printemps et de la liturgie « faisant éclater le vieil arbre » en nous... (inédit, 6 avril 1966).

L'intermède de l'Académie française n'empêche pas Cesbron de continuer à produire avec la régularité d'un arbre fruitier! En 1964, c'est un roman : *Une abeille contre la vitre* qui évoque les pièges et les difficultés de la condition féminine. Quelle issue pour une jeune femme laide, dans notre société? Isabelle se cogne à tous les obstacles comme une abeille contre la vitre, cherchant une issue dans la vie religieuse, professionnelle, mais seule une véritable rencontre la sauvera d'elle-même.

En 1966, paraît le treizième roman : *C'est Mozart qu'on assassine,* qui n'a pas pour thème le divorce, comme on le dit légèrement, mais bien plutôt la façon dont notre époque meurtrit, « assassine » le génie propre aux enfants.

Une fois de plus, la vie de l'écrivain et sa production littéraire se font écho : quelques mois après la publication de ce livre essentiel sur l'enfance, Gilbert Cesbron qui a si souvent mis en scène le dialogue d'un enfant avec un aïeul, découvre à son tour l'art d'être grand-père... et y prend un plaisir extrême! Sa fille aînée vivant dans l'appartement en dessous du sien (et un escalier intérieur reliant les deux logements), il aura la joie de voir grandir ses petites-filles auxquelles est dédié son recueil poétique *Merci l'oiseau* (1976) :

> « Pour Juliette,
> Fabienne,
> Dominique,
> Stéphanie
> Charlotte,
> qui chez moi font le printemps » (*MO,* p. 5).

CHAPITRE 12

CE QU'ON APPELLE VIVRE

1967 est pour Cesbron une année difficile. « Cette année, nous écrivait-il, comptera double ou triple dans la famille » (inédit, 18 juin 1967) : son épouse est longtemps handicapée par une opération. Ses enfants, arrivés à l'âge adulte, doivent affronter examens, difficultés professionnelles ou sentimentales. Lui-même rencontre de gros obstacles dans son second métier – au point de se sentir au bord d'une grosse fatigue nerveuse. Radio-Luxembourg – qui s'appelle désormais RTL – est en pleine restructuration. Gilbert Cesbron perd son poste de directeur des programmes et après bien des avatars, des mois éprouvants de conflits, sa « situation se stabilise mais à un niveau deux fois moindre » *(ibid.)*. En l'occurrence, il se trouve rétrogradé à un emploi de « grand reporter ». Ces nouvelles fonctions lui permettent du moins de s'exprimer en direct au micro, de diffuser les convictions auxquelles il tient. Et d'autant plus que le nouveau départ de la station, sous l'impulsion de Jean Farran, s'annonce riche de promesses. La nouvelle direction estime que la culture, l'actualité artistique et religieuse, ne sont pas moins importantes que l'actualité politique ou sportive, les faits divers et les variétés. Gilbert Cesbron est donc, trois ans de suite, « envoyé spécial » au Festival de Cannes ou à la rencontre annuelle des évêques à Lourdes. Désormais, il doit suivre l'événement, réagir à chaud, analyser et sur-le-champ en tirer les leçons, en pesant ses mots. Reconversion passionnante... mais épuisante aussi pour un homme de cinquante-cinq ans dont la santé laissait à désirer.

Arrivent le printemps 1968 et les fameux « événements ». Habitant au cœur du Quartier latin, à mi-chemin entre la Sorbonne et l'Odéon qui furent des hauts lieux de la révolte étudiante, Cesbron était littéralement « aux premières loges ». Esprit accueillant et toujours soucieux de dialogue entre les hommes, il s'émerveille de la première phase de l'aventure :

> « Dans la rue, n'importe qui parlait avec n'importe qui. Cela m'a rappelé l'" Insurrection de bonté ", l'épopée de l'abbé Pierre en 1950, quand les Parisiens sont sortis en pleine nuit pour sauver du froid les gens qui dormaient dans la rue. Malheureusement, les instants de grâce sont toujours très courts; après cette phase du dialogue, en Mai 68, j'ai eu l'impression d'un jeu, d'une ivresse... » (*CQAV,* p. 224).

Bien vite, il s'irrite de l'écume de slogans orduriers et excessifs que fit fleurir la révolution de mai, et de l'aspect superficiel – pour ne pas dire cabotin – de ses leaders.

En tout cas, le dialogue que Cesbron avait amorcé avec les jeunes pendant ce déroutant printemps, ne fut pas sans lendemain. Quelques mois après l'explosion de Mai 68, il est requis pour participer à une émission quotidienne de RTL : une heure et demie de discussion avec un jeune journaliste, Jean-Bernard Hébey, qui se posait en porte-parole des jeunes de l'époque.

On peut dire que cette émission a été pour beaucoup de familles une rencontre importante, et Gilbert Cesbron, à la fois amusé et un peu amer, remarquait que, pour des centaines de milliers de gens, il n'était pas à cette époque l'auteur de tel ou tel livre, mais « celui qui parlait avec Jean-Bernard sur RTL! » (*CQAV,* p. 231).

L'année suivante, paraît le quatorzième roman de Gilbert Cesbron, *Je suis mal dans ta peau,* qui évoque le racisme, mais plus encore la prise de conscience de l'homme africain au lendemain de la décolonisation. Ce livre fut préparé par de nombreuses rencontres avec des étudiants africains, le Quartier latin où habite Gilbert Cesbron étant un lieu de forte concentration. En outre, le romancier alla passer un mois au Sénégal en compagnie de son épouse. Cette rencontre de l'Afrique fut pour Cesbron un émerveillement. Et ses lecteurs africains ne s'y sont pas trompés : ce livre procède d'un grand amour du continent et de ses habitants :

> « Ce qui m'a stupéfait, dit-il, en Afrique, dans ce peuple qui est en majorité musulman, puis animiste, puis enfin chrétien, c'est d'y avoir découvert à l'état brut les deux bases essentielles du christianisme : l'esprit d'enfance et l'esprit de pauvreté. Les Africains ont la joie, la confiance, le regard neuf, la " naïveté " de l'enfance. Ils sont instinctivement chrétiens. Cela ne m'étonne pas, puisque je pense, moi chrétien, que tous les hommes sont enfants de Dieu. Je ne cherche pas à les " annexer " en parlant ainsi; je me réjouis seulement » (*CQAV*, p. 234).

Ce que je crois, paru en 1971, a été écrit spécialement à la demande des éditions Grasset, dans la collection qui porte le même titre. En dépit des apparences, l'ouvrage, comme l'affirmait le bandeau de couverture, était « tout sauf un catéchisme ». Sur les treize chapitres du livre, les onze premiers ne font aucune référence au domaine religieux, mais s'efforcent de dégager des valeurs communes à ceux qui croient au Ciel et à ceux qui n'y croient pas.

La même année, Gilbert Cesbron rédige une brochure qui est le plus souvent ignorée par les bibliographies, mais qui, je crois, comptait beaucoup à ses yeux : un numéro du magazine *Fêtes et Saisons* consacré au *Chemin d'Emmaüs* (n° 253, mars 1971). Ce mensuel de grande diffusion s'efforce de répandre « une culture religieuse à la portée de tous, par le texte et par l'image ». Vendu surtout sur les tables de presse des églises, il offrait à Cesbron une tribune exceptionnelle en direction des « catholiques pratiquants » (entendons par là : des fidèles assidus aux offices). Pour eux, Cesbron exprime le cœur de ses convictions. A la fin de l'Évangile de saint Luc, l'épisode des « pèlerins d'Emmaüs » qui rentrent de Jérusalem après la mort du Christ, le cœur lourd, et rencontrent le Ressuscité lui paraît significatif du cheminement de la foi et de son propre itinéraire :

> « Je me sens l'un des deux voyageurs sur la route d'Emmaüs, confie-t-il à Maurice Chavardès, parce que, comme eux, j'ai mis très longtemps à reconnaître le Christ. Et puis, comme eux, " homme de peu de foi ", je me désespère vite : j'oublie les promesses, les prophéties; je crois plutôt aux mauvaises nouvelles qu'aux bonnes... Les deux voyageurs d'Emmaüs, quand le Christ va s'éloigner, lui disent ces mots bouleversants : " Reste avec nous, car le jour tombe... " Moi aussi, je suis un homme du crépuscule. Quand le désespoir approche, c'est la parole que tout chrétien murmure au Christ : « Reste avec moi, car le jour tombe... » (*CQAV,* p. 258).

En 1972, paraît un nouveau roman : *Voici le temps des imposteurs,* qui a pour cadre le monde de la presse, entre la Libération et les événements de Mai 68. Le titre annonce clairement l'intention critique de Cesbron. « Je me demande, écrit-il dans le second volume du *Journal sans date,* si l'industrie-clé de ce temps n'est pas l'imposture » (*JSD II,* p. 148). Imposteurs, en effet à ses yeux, ces folliculaires qui, pour « vendre du sensationnel », annoncent avant toute certitude la découverte d'un médicament, au risque de faire naître de fausses espérances chez les malades et leur famille. Imposteurs aussi, ces artisans de la « presse du cœur » (« mais c'est " presse du sein " qu'il faudrait dire! ») qui font de la femme « le plus bel animal du monde ». Imposteurs, ces marchands de papier qui font bon marché des sentiments pour faire leur beurre avec de l'émotion à l'état brut.

Est-ce vraiment solliciter le texte que d'y voir une sorte de bilan de trente-cinq ans de vie professionnelle dans les milieux de presse, de publicité et de radio? A lire le livre, ne pouvait-on deviner que, l'année suivante, Gilbert Cesbron romprait avec une profession qui lui paraissait désormais en contradiction avec ses convictions les plus profondes?

Au printemps 1972, en effet, Gilbert Cesbron décide d'abandonner son métier d'homme de radio. Décision difficile à prendre! Depuis des années, il exerçait là un métier passionnant et qu'il connaissait bien, au sein d'une équipe d'amis et de collaborateurs qu'il estimait. Dans les années 30-40, sous l'impulsion de Louis Merlin, son « patron et son ami très cher – l'homme qui a créé toute la Radio en France » (*CQAV*, p. 263) et auquel est dédié le troisième tome de son *Journal sans date* – il avait connu une aventure passionnante. A la direction des programmes, il avait investi un formidable capital d'énergie et de créativité pour susciter sans cesse de nouvelles initiatives. Puis, après 1967, ses fonctions de journaliste l'avaient amené à intervenir directement sur les ondes, lui procurant une incomparable tribune pour ses idées. Cependant, après trois années extrêmement riches (1967-1970) où RTL avait lancé des initiatives culturelles audacieuses (par exemple ses émissions de vulgarisation sur Freud et sur Jésus), la station – peut-être en raison de la concurrence de la télévision – était retombée dans une frivolité qui exaspérait Gilbert Cesbron : « Tout pour le rock et la pub! » Il éprouvait donc à nouveau la nostalgie du service public, et surtout le désir de mettre en accord sa vie professionnelle et ses convictions. Aussi décida-t-il de consacrer à un organisme social les quelques années qui lui restaient avant la retraite « pour y faire n'importe quoi, pourvu que ce fût utile » (*CQAV*, p. 264). Prenant son bâton de pèlerin, il décida de contacter la Croix-Rouge, l'UNICEF, le Secours catholique...

Il s'adresse en priorité à ce dernier, par amitié pour son fondateur Mgr Rodhain, qui, à la Libération, s'était inspiré du modèle du Secours national où Gilbert Cesbron avait œuvré :

> « J'arrivai rue du Bac, raconte-t-il, en demandant un tout petit emploi. Je rêvais de travailler enfin " à la base "; mais il s'est trouvé qu'à ce moment-là, le Secours catho-

lique cherchait un secrétaire général – c'est-à-dire l'emploi le plus lourd et le plus responsable » (*CQAV,* p. 265).

Ainsi, dès l'automne 1972, Cesbron se trouve à la tête d'une formidable organisation. A ce poste, il est mieux placé que quiconque, pour entendre « les cinq cris de la terre (...) : j'ai faim, j'ai froid, j'ai mal, j'ai peur, je suis seul » (*JSD II,* p. 182). Il s'attelle à la tâche avec enthousiasme et efficacité. Très vite, Mgr Rodhain tombe malade et il lui faut assumer seul la pleine responsabilité de l'ensemble. Mais ce travail exaltant ne devait durer qu'un an. En septembre 1973, Cesbron démissionne. Lorsqu'il s'était vu proposer cette fonction, il avait déclaré à Mgr Rodhain : « j'ai dix ans de trop » (*CQAV,* p. 265). Et sans doute, était-ce vrai. Sa santé ne lui permet pas de faire face à cette tâche écrasante. Les médecins lui interdisent d'exercer un second métier et, à soixante ans, il se voit contraint à une demi-retraite.

CHAPITRE 13

QUAND VIENT L'AUTOMNE (1973-1979)

A entendre évoquer l'activité débordante de Gilbert Cesbron dans les domaines professionnel, littéraire et militant, on pourrait l'imaginer comme une force de la nature... et l'on se tromperait grandement! De santé fragile, Gilbert Cesbron était souvent terrassé par la maladie. Fin 1970, en effectuant son parcours d'écrivain-piéton à travers Paris, il a un malaise, et doit être secouru par une de ces personnes – concierge, marchand ambulant – qui le connaissent à force de le voir passer. Hospitalisé d'urgence, il doit subir sans délai une opération pénible à la suite d'une affection rénale. Quelques mois plus tard, il est handicapé par une hernie discale.

A la fin de l'été 1973, nous l'avons dit, ses médecins lui interdisent formellement d'exercer un second métier. C'est du jour au lendemain, qu'il se voit contraint d'interrompre ses activités :

> « Quand on prend sa retraite à l'âge normal, remarque-t-il, on peut la prévoir, s'y préparer. Mais lorsqu'un matin, on se retrouve dans le coma et que les médecins vous disent que le second métier c'est fini, c'est assez pénible » (*CQAV,* p. 271).

La rupture est totale et imprévisible – et d'autant plus difficile à vivre, confesse-t-il, qu'il n'avait pas alors de livre en train – ce qui l'aurait aidé à « tenir le coup » (*CQAV,* p. 271).

Gilbert Cesbron sent la dépression toute proche. Son activité professionnelle, « un des deux temps de sa respiration » (*CQAV*, p. 271) lui manque presque physiquement.

Au bout de quelques mois il finit pourtant par comprendre l'aspect positif de ce changement de vie : le surcroît de loisirs que lui accorde la retraite, il ne va pas le consacrer à la littérature. « Voilà trente-cinq ans que je publiais un livre par an, dit-il avec humour, je n'allais pas décider d'en publier deux. Pitié pour les lecteurs! » (*CQAV*, p. 184). Sensibilisé par ses activités au Secours national et au Secours catholique au malheur des exclus, il décide de donner son temps aux malades et aux détenus. Il sera « visiteur de prison » et « visiteur d'hôpital ». Ce dernier apostolat l'amène à renouer avec une activité qu'il avait pratiquée immédiatement après la guerre, mais que sa mauvaise santé l'avait amené à abandonner. Une association qui « quadrille » les salles et les services lui demande de prendre en charge quinze ou seize malades « un peu éprouvants parce que éprouvés » : des « chroniques, c'est-à-dire des malades qui ne guériront jamais et dont certains ont célébré leurs noces d'argent avec l'hôpital » (*CQAV*, p. 184).

Le monde de la prison est peut-être plus pitoyable encore. Devenir visiteur est pour Gilbert Cesbron un pas de plus dans la rencontre d'autrui, une nouvelle étape :

> « L'escalier de la sainteté, écrit-il, comporte cinq marches : aimer ses familiers; aimer les gens aimables; aimer ceux qui sont malheureux par la faute des autres; aimer ceux qui le sont par leur faute; aimer ceux qui rendent les autres malheureux » (*BR*, p. 77).

Chaque semaine, donc, il va rencontrer plusieurs détenus de la Centrale de Poissy. Il excelle dans l'art d'écouter, de donner à l'interlocuteur toute sa considération. Un de ces prisonniers lui avoue qu'il garde précieusement les petits cigares que Cesbron lui apporte à chaque visite pour les fumer le dimanche. Il fume les mêmes en semaine, en les achetant à la cantine, mais ceux que lui apporte le visiteur ont déjà un goût de liberté! Cesbron se garde bien de faire du prosélytisme ou de parler de Dieu, le premier. Du reste, il n'a pas besoin de brandir son drapeau : ses livres parlent pour lui. Il s'émerveille de l'apostolat de l'aumônier de la prison de Poissy – un ancien adjoint de l'abbé Pierre – qui parvient à lier amitié avec presque chacun des détenus. Les conversions se multiplient. Et le prêtre (qui semble sorti d'un roman de Gilbert Cesbron), pour aider ces hommes à retrouver la religion de leur enfance, célèbre la messe d'avant le Concile, entre deux détenus en robe rouge et en surplis, comme les enfants de chœur d'autrefois... Mais ces acolytes, remarquables de piété, sont des assassins! Toute l'assemblée chante à pleins poumons des cantiques démodés, accompagnée par des accordéons que manient de gros bras tatoués « Ni Dieu ni maître! »

En dépit de toutes les précautions qu'il prend, la santé de Gilbert Cesbron reste précaire. Sa nouvelle vie le laisse fragile, comme en sursis. « Je sens bien que je suis entré dans une zone de fragilité », confie-t-il à Maurice Chavardès en 1976 :

> « J'ai l'impression très calme mais très profonde, que mon temps est désormais mesuré. Depuis longtemps, par exemple, je rêve d'écrire un livre sur l'Amérique du Sud, terre passionnante sur le plan romanesque. Sans parler de cette part que prend l'Église dans les révolutions qui vont avoir lieu partout là-bas. Il y existe des réseaux où je pourrais aller m'" imprégner " – mais je ne crois pas qu'il serait prudent pour moi de m'y rendre actuellement. C'est un déchirement; j'espère toujours que, l'année prochaine, j'irai mieux et que je pourrai le faire... Voilà une considération qui ne m'avait jamais effleuré pendant quarante ans » (*CQAV*, pp. 272-273).

Au printemps 1974, Gilbert Cesbron adhère, dès sa fondation, au mouvement œcuménique « Action des Chrétiens pour l'Abolition de la Torture » (ACAT). On a vu que, non sans courage, il avait dénoncé, en son temps, les scandaleuses pratiques des « interrogatoires poussés » pendant la guerre d'Algérie. D'emblée, il était donc particulièrement sensibilisé à ce problème.

> « Les chrétiens, explique-t-il, sont spécialement concernés par la torture. D'abord, parce que dans les pays où l'on torture, le catholicisme est souvent religion d'État. Les responsables de l'Église devraient donc être partout au premier rang de ceux qui luttent contre la torture. L'ACAT veut précisément les informer. L'ACAT s'informe, informe, agit et prie. Elle prie non seulement pour les victimes, mais pour les bourreaux. Adhérer à cette ACAT, c'est s'engager à faire tout ce qu'on peut contre la torture (et l'on peut agir : à preuve, la libération de Pliouchtch et de bien d'autres), mais aussi à prier... » (*CQAV,* p. 176).

Cependant, sa production littéraire ne se ralentit pas : un recueil de nouvelles paraît, en 1974, issu, nous l'avons dit, de ses longues promenades à travers la banlieue : *La ville couronnée d'épines.* L'année précédente, il avait rédigé un nouveau numéro de la revue *Fêtes et Saisons : Rêver d'une église.* On a bien lu : *église* avec une minuscule! En trente-six pages, il décrit l'église de ses rêves, après avoir salué avec reconnaissance toutes celles qui ont été pour lui une étape sur le chemin de la foi.

La même année, il achève son seizième roman : *Don Juan en automne* – un titre et un thème qui surprirent ses lecteurs habituels. L'œuvre, cependant, n'est pas moins « religieuse » que les précédentes. La vie sentimentale agitée du héros ne met que mieux en lumière la signification mystique de sa destinée. En outre, la mort de Laurent, le Don Juan grisonnant, s'avère elle aussi prémonitoire. Comme Jeanne *(Il est plus tard que tu ne penses),* comme Marie *(Voici le temps des imposteurs),* comme Gilbert Cesbron lui-même, Laurent est emporté par un cancer qui le ronge, des mois durant.

Le tout dernier roman de Cesbron, *Mais moi je vous aimais,* paraîtra deux ans plus tard. Il évoque l'itinéraire d'un enfant débile léger que la société s'obstine à séparer de ceux qu'il aime (et qui sont souvent, eux aussi, des marginaux : un grand malade au cœur greffé, un vieux prêtre traditionaliste, des personnes âgées, des travailleurs immigrés...). Toutes les marginalités communiquent et se reconnaissent... On notera que le livre est dédié à Georges Hourdin qui, sous le titre *Le malheur innocent,* avait publié un bouleversant témoignage sur sa fille handicapée mentale.

Au cours de l'année 1976, paraissent coup sur coup un recueil de poèmes : *Merci l'oiseau!* et un essai : *Mourir étonné.* Étonné, Gilbert Cesbron ne cesse de l'être quand il regarde vivre ses contemporains d'un œil neuf et libéré de tout préjugé. Dans les nouvelles comme dans les textes de réflexion qui constituent ce recueil, son regard se fait aussi décapant que celui d'un enfant. Le livre s'achève sur une méditation devant le « Saint Suaire » de Turin – ce linge sur lequel se seraient imprimés les traits du Christ pendant sa Passion. Ce sont ces pages – et tout ce qu'elles expriment de certitude et de tendresse à l'égard de Jésus-Christ – qui équilibrent ce que les précédentes pouvaient avoir de cruel, voire de désespéré. Mais mieux vaudrait parler sans doute de gravité. Dans les premières pages du volume, Gilbert Cesbron, au tournant de sa vie où il est parvenu, se livre à un examen de conscience sans concession. Il faut citer intégralement cette page, moins pour son humilité que pour l'exigence de sa conviction :

> « Encore un instant, monsieur le Bourreau!... Monsieur le Cancer, Monsieur l'Infarctus, encore un instant!
> Ce n'est pas la lâcheté qui me souffle cette prière. Moi, si peu courageux quant au reste, il se trouve que je n'ai pas peur de mourir. Mais pas encore, s'il vous plaît! Le temps de voir fleurir ce que j'ai vu semer, ô Justice, ô Non-violence, ô Liberté! Le temps de ressembler un peu à ce que Dieu attendait de moi...
> 37 livres publiés à ce jour, ce jour de mes soixante-trois ans, " 9 millions d'exemplaires en circulation ", affirme mon éditeur – et puis après? C'était peut-être ce dont rêvait, entre autres choses, le beau ténébreux que j'étais, comme chacun à seize ans; en tout cas, ce n'est pas ce que Dieu attendait de moi. Il attendait – je vais vous le

> dire – il attendait la Transparence, la Pureté et l'Amour, le vrai : le sien. Je lui rapporte, mauvais chien, un vieil adolescent qui a " réussi " mais n'a jamais pris de véritables risques en son nom, un faux saint de salon – de quoi vomir! » (*ME,* p. 23).

C'est un fait que, depuis quelques mois, Gilbert Cesbron semblait avoir franchi une nouvelle étape, opéré une nouvelle conversion. A l'occasion d'une défaillance cardiaque, que rien ne laissait prévoir, il éprouve la « sensation d'être passé de l'autre côté de la frontière, en zone d'insécurité, sans visa de retour », ce qui, pour lui, s'accompagne d'« une grande solitude » et d'« une grande paix » (*BR,* p. 155).

C'est tout le sel de son essai *Passé un certain âge,* écrit en 1976 mais qui sera publié après sa mort. « Ce n'est pas, dit-il, un traité de la vieillesse chrétienne », mais « seulement le carnet de route d'un homme vieillissant ». Il s'est avisé « chemin faisant, dit-il, que la vision chrétienne s'accorde étrangement bien avec le " paysage " du troisième âge » (*op. cit.,* p. 36) :

> « Convenez, note Cesbron, que les mots qui résument (les Béatitudes) s'accordent assez avec l'automne de notre âge : désintéressement, non-violence, compassion, tolérance, pureté de cœur, etc. Or, voici que précisément la vieillesse nous y prédispose naturellement... » (*PUCA,* p. 28).

Vieillir bien, ce sera donc faire de ses dernières années « la saison des Béatitudes » (*op. cit.,* p. 28). (Et précisément, le dernier livre publié de son vivant – *Huit paroles pour l'éternité* (1978) – est une méditation de ces versets évangéliques qu'il relisait et priait chaque jour.) Le troisième âge paraissait à Gilbert Cesbron le temps par excellence de la patience, de l'attention, de la disponibilité. « Cet intérêt entièrement désintéressé pour les autres » est un cadeau que nous apporte la vieillesse, dit-il. Et de même la transparence, la fidélité » (*op. cit.,* p. 53). De fait, nous avons pu le constater par nous-même, cette nouvelle sagesse durement conquise rendait Gilbert Cesbron plus accueillant, plus transparent que jamais.

Grâce à notre correspondance avec lui, nous avions vu se dessiner en lui cette paix profonde, cette réconciliation de toutes ses virtualités – bien avant que ses livres ne rendent en quelque sorte publiques ces conceptions. A l'approche de la soixantaine, nous écrivait-il, il avait le sentiment de « mettre tragiquement les choses dans leur ordre vrai » – autrement dit, de savoir « reconnaître les vraies valeurs et dissocier l'essentiel de l'accessoire ». (Ce qui – soit dit en passant – faisait de lui un conseiller redoutablement efficace pour ses amis qu'il aidait sans complaisance à faire face à leurs responsabilités les plus authentiques!) Dans une autre lettre, il nous donnait, en même temps qu'une recette contre nos propres angoisses, le secret de sa sérénité :

> « L'angoisse pointera son nez jusqu'à notre dernier souffle. Ce qu'il faut, ce n'est pas la chasser (les moyens de le faire sont trop artificiels), mais lui barrer la route, lui faire contrepoids : comme un petit enfant se réfugier entre les bras du Christ. Je ne connais pas d'autres moyens. Ce n'est pas " facile ", car j'ai dit : comme un enfant. L'Évangile ne dit pas autre chose » (inédit, 14 septembre 1965).

Tout au long de l'année 1977, la mauvaise santé de Gilbert constitue « une épreuve pour lui-même et pour les siens » (lettre inédite). Mais la maladie n'a pas encore un nom. En automne, il se rend à Lourdes. Mais non point, cette fois, pour assister les malades : au contraire, pour faire provision de courage, « recharger les batteries » *(ibid.)*. Enfin, au printemps 1978, il apprend qu'il est condamné. Dans les dernières pages de son livre de réflexion sur la mort, *La regarder en face* (1982), il explique dans quelles circonstances :

> « Je suis entré au Jardin des Oliviers le 14 mai 1978, quand j'ai appris – c'était à la fin du repas – que j'avais un cancer et seulement peu de temps à vivre.

Le regard droit mais le menton tremblant, Dominique eut le courage de me l'annoncer enfin. Je jure devant Dieu que je n'ai, sur l'instant, pleuré que sur elle : sur cette insupportable attente avant d'oser parler, sur cette solitude, cette force et cette faiblesse.
Depuis, je me suis accoutumé à la nouvelle – longues, lentes fiançailles » (*LREF,* p. 239).

Les « longues, lentes fiançailles » de Cesbron avec la mort dureront quinze mois. « Bon élève, écrit-il curieusement dans son *Journal sans date,* j'ai toujours voulu préparer tous mes devoirs d'avance, y compris la mort » (*BR,* p. 212).

Écrivain consciencieux, il met donc à profit les temps de rémission, entre les séjours à l'hôpital, pour peaufiner les ouvrages qui paraîtront à titre posthume : deux recueils de récits et de nouvelles : *Leur pesant d'écume* (1980), *Tant d'amour perdu* (1981); deux essais : *Passé un certain âge* (1980), *La regarder en face* (1982) et les deux derniers volumes de son *Journal sans date : Bonheur de rien* (1979) et *Un désespoir allègre* (1983). Ce travail l'aide à « tenir » : « Ce que j'écrivais, remarque-t-il, me servait souvent de canne, pour avancer; à présent, de béquilles, pour ne pas tomber » (*LREF,* p. 264). Toutefois, il ne s'agit pas de création à proprement parler. « Impossible de mettre en route un roman, de donner la vie. Je dois la garder pour moi. Citerne fissurée : le peu d'eau qui me reste... » (*LREF,* p. 264).

Comme il l'a toujours fait, il note, au jour le jour, tout « ce qui lui traverse le cœur et l'esprit » après son « entrée au Jardin des Oliviers ». Ce journal de condamné – reproduit dans *La regarder en face* – est extrêmement émouvant. On y voit alterner les moments d'angoisse où il a le sentiment d'être à « un balcon sur le vide » (*op. cit.,* p. 244) avec des temps de certitude paisible :

> « Le cancer m'a, d'un coup, rendu un regard neuf sur les êtres et les choses. Il m'a rendu des yeux, un cœur, le sens du temps qui passe. Il m'a rendu la vie » (*LREF,* p. 245).

Les trois dernières pensées du recueil sont comme le dernier soupir de son corps exténué, mais en même temps l'écho de ses certitudes essentielles :

> « La prière réduite au souffle, au battement du cœur...
> L'impression d'être maintenu là, encombrant et cependant précieux, comme un objet de compassion, mais surtout comme un mystérieux témoin.
> Prenez garde! Dieu nous prend au mot... » (*op. cit.,* p. 265).

A la fin de l'hiver 1978-1979, l'état de Gilbert Cesbron empire. Les traitements au cobalt et une opération ne parviennent pas à enrayer le mal. Il meurt, le dimanche 12 août 1979. Après une longue période d'hospitalisation, il avait pu regagner son domicile parisien et semblait avoir retrouvé des forces. Dans les jours précédents, il avait même fait parvenir au quotidien *La Croix* une chronique intitulée « Un pays où tout le monde ment? ». Dans ce texte qui est très vraisemblablement le dernier qu'il ait écrit, il exprime sa soif d'absolu et son refus des compromis.

Dès le lendemain de sa mort, la plupart des grands quotidiens rendent hommage à Gilbert Cesbron. Dans *La Croix,* sous le titre « Gilbert Cesbron, homme de douleur », J.-M. de Montrémy souligne la valeur exemplaire de cette destinée dans laquelle nombre de chrétiens s'étaient reconnus. Dans *Le Monde,* Alain Woodrow célèbre « l'homme entier » qui sut réconcilier toutes ses fidélités :

> « Souvent présenté, avec condescendance, comme un écrivain " à thèse ", Gilbert Cesbron avait cependant le grand mérite de ne pas séparer son œuvre de sa vie, ni sa foi chrétienne de ses écrits. »

Le 16 août, Gilbert Cesbron est inhumé dans le cimetière de Bourré, un village au bord du Cher où il aimait résider pendant ses loisirs, dans la grande maison de Vineuil, le domaine de « La Souveraine ».

LE SEUL CHEF-D'ŒUVRE

On connaît la remarque un peu désabusée du *Journal sans date :* « L'écrivain s'en alla tout triste : il venait de comprendre que le seul chef-d'œuvre, c'est vivre » (*JSD,* p. 45). Après avoir évoqué la vie de Gilbert Cesbron, on peut précisément se demander si ce n'est pas elle qui fut son plus beau livre! Mais c'est encore mal parler : ce qui frappe chez cet écrivain, chez ce témoin, c'est bien plutôt qu'il est parvenu à être en plein accord avec ses livres. Au cours de nos visites ou de notre correspondance avec lui, nous avons été émerveillé de le reconnaître « tel qu'en ses livres », de constater qu'il vivait du même idéal que les plus généreux de ses personnages. Un jour que nous lui parlions d'une vieille femme de notre ville qui nous disait « aimer beaucoup ses livres et par conséquent son auteur », Gilbert Cesbron nous répondait, non sans humilité : « Ce " par conséquent " est une merveilleuse manifestation de l'Esprit d'Enfance : confiance et naïveté. Il s'agit d'en être digne en étant Un avec mes écrits » (inédit, novembre 1966).

Faisant le bilan de sa vie dans une de ses dernières œuvres, Cesbron note avec humilité : « Je n'ai pas réussi grand-chose. Beaucoup de choses m'ont réussi » (*BR,* p. 193). Écrivain comblé, penseur écouté et dont la pensée faisait autorité, notamment auprès des jeunes (toutes les enquêtes le prouvent), Gilbert Cesbron semblait l'exemple même de la réussite, mais son échelle de valeurs exigeante relativise ce palmarès. « Qu'est-ce que réussir, écrit-il dans le même livre. Remplir son contrat avec la société s'appelle la réussite; avec les siens le bonheur; avec Dieu la sainteté » (*BR,* p. 199). C'est cette tension, cette recherche de plénitude qui est l'aspect le plus caractéristique de sa biographie : cette vie si bien remplie, si droite et qui parvenait à concilier toutes ses fidélités est tout entière tendue par le projet d'être, plutôt que d'avoir ou de faire. C'est donc une exigence essentiellement morale qui traverse toute son existence, et c'est en ce sens qu'il note dans *Journal sans date :* « Ma vie a été bizarrement dominée par la crainte de ne pas la gagner, nullement par celle de la perdre » (*JSD,* p. 77). La paix de la non-violence qu'il a si laborieusement conquise n'avait que plus de prix dans un tempérament anxieux, souvent menacé par le découragement et sans cesse aiguillonné par l'exigence de faire mieux ou davantage. Ce scrupule que d'aucuns jugeront excessif, Gilbert Cesbron en donne une expression définitive, en écrivant à la dernière ligne de son dernier livre :

> « J'aurai traversé la vie, tremblant et appliqué comme un enfant franchit à gué une rivière » (*UDA,* p. 223).

Deuxième partie

LA FOI DE GILBERT CESBRON

Après avoir passé en revue dans les pages précédentes, la biographie de Gilbert Cesbron, il nous faut chercher à découvrir ce qu'on pourrait appeler sa « personnalité spirituelle » : quelles étaient sa foi, sa théologie, voire sa mystique? En racontant ce que fut sa vie, nous avons évoqué les étapes de son cheminement religieux, du reste aussi peu tortueux que possible. Pas de revirements spectaculaires et de conversions déchirantes! Gilbert Cesbron a surtout approfondi, tout au long de sa vie, la certitude acquise à l'orée de l'âge adulte. C'est donc une approche thématique et non point chronologique qu'il nous faut adopter, après avoir situé, voire daté, les textes clés de ce témoignage religieux.

Dans un premier temps (chap. 1, 2, 3 et 4 : *Sur le fil de ta promesse, La preuve par la joie, Visages du Christ, Jésus-Christ ou le renversement des alliances*), nous étudierons les racines de sa certitude : comment pose-t-il son acte de foi? Qu'est-ce qui, dans la personne et les paroles du Christ, entraîne son adhésion? Puis (chap. 5 et 6 : *On a autant d'âme que d'amour, Le levier d'Archimède*), nous découvrirons quelles conséquences pratiques, quelles exigences pour l'action quotidienne découlent de cet acte de foi. Ensuite (chap. 7, 8 et 9 : *Un enfant qui ressemble à sa mère, L'office de compensation, A ciel ouvert*), nous examinerons la façon dont le chrétien Gilbert Cesbron se situe par rapport à autrui : comment vit-il en Église? Non seulement l'Église visible, institutionnelle, mais aussi l'Église dans sa dimension surnaturelle et mystique : l'Église des saints. L'Église, aussi, en tant que communauté des hommes, qu'ils soient chrétiens ou non. Enfin (chap. 10, 11 et 12 : *Le génie de Dieu, Le poids du monde, Le premier bonjour du matin éternel*), nous nous interrogerons sur la façon dont Gilbert Cesbron se situe par rapport aux grands actes de la destinée que représentent pour lui la création, le mal et la souffrance, la mort et la résurrection.

CHAPITRE 1

SUR LE FIL DE TA PROMESSE

> « Funambules qui marchons
> Sur le fil de ta promesse »
> (*Bonheur de rien,* p. 68)

Dans l'avant-dernier tome de son *Journal sans date,* Gilbert Cesbron a cette belle image en forme de prière pour exprimer tout à la fois la fragilité et le dynamisme de la foi, mais aussi son aspect essentiel de relation à une personne vivante. Assurément, le chrétien semble toujours en équilibre instable entre des abîmes. Sa foi refuse tout à la fois le matérialisme et le spiritualisme désincarné, le Dieu impassible de Platon et l'idole corruptible des conceptions magiques... C'est dans le mouvement qu'elle trouve l'équilibre entre ces tentations contradictoires, et dans un mouvement qui est orienté par une confiance, un espoir.

La rencontre

On raconte que le jeune Jacques Rivière avait écrit à Paul Claudel pour lui demander « quels étaient les livres qu'il fallait absolument avoir lus ». Et Claudel lui répondit qu'à son avis, il n'y avait que deux livres vraiment indispensables : le catéchisme et le livre de messe! Si l'on avait posé la même question à Gilbert

Cesbron, celui-ci aurait probablement répondu qu'à ses yeux, le seul livre indispensable c'est l'Évangile, qui nous rend présente la personne du Christ. L'Évangile pour lui, c'est « Dieu fait livre » (*JSD,* p. 57). Nous le verrons : plutôt qu'un ensemble de concepts et de notions, la foi de Gilbert Cesbron est une adhésion à une personne.

Nous avons évoqué déjà cette sorte de conversion religieuse que connut Cesbron à l'âge de vingt ans, après le décès de sa mère. Ce n'est pas une idée, même en forme d'espérance, qui l'a envahi alors, mais un visage, une personne. Dans le second volume de son *Journal sans date,* il raconte avec émotion cette découverte bouleversante :

> « Le Seigneur Jésus, je l'ai retrouvé à travers les larmes. Ma mère venait de mourir et j'avais vingt ans. Jusque-là, qui était Dieu pour moi? Un vieux monsieur à ménager. J'allais, de temps à autre, par politesse, à la messe de onze heures quarante à Saint-François-de-Sales. Debout dans le fond, regardant l'heure, et partant avant le dernier évangile. Oh! tous ces dimanches perdus! Seigneur, vous savez bien pourtant que je vous aime [1]...
> Mais, un matin de février, Saint-François-de-Sales est devenu l'église où l'on célébra les funérailles de ma mère, les noires funérailles de ce que j'aimais le plus au monde. Je demeurai hébété, humilié de survivre; parfaitement lâche, parfaitement malheureux. Dieu me vit perdu et Dieu vint. Il laissa les quatre-vingt-dix-neuf brebis fidèles [2] : ceux qui priaient matin et soir et connaissaient le goût du Pain de Dieu, il les laissa pour partir à la recherche de cet enfant ingrat qui n'avait rien retenu de son catéchisme et trouvait que les prêtres étaient des ratés, mais qui pleurait.
> " Bienheureux ceux qui pleurent, parce qu'ils seront

---

1. Jean 21,15.
2. Luc 15,4-7.

consolés [3]. " Quand il vit que la citerne était vide, il vint. Je n'étais pas digne qu'il entre dans ma maison désertée, et c'est justement pour cela qu'il est venu : parce que je n'en étais pas digne [4].

A présent que me voici plus âgé que ne l'était ma mère au jour de sa mort; à présent que j'ai les cheveux gris (et bientôt mes enfants seront plus grands que moi), je me retourne et je mesure le don de Dieu. Et je tombe à genoux, serviteur inutile [5]. Pourquoi cette grâce, cette patience et cette protection? Pourquoi moi?

Jamais, jamais, jamais nous ne prierons assez pour ce Siècle prodigue [6], pour ces enfants orgueilleux et légers dont nous fûmes, ni pour que chaque homme sur la terre, à travers le feu [7] ou les larmes, à son tour fasse la Rencontre » (1956) (*JSD II*, pp. 71-72).

On remarque que le romancier a pris soin de dater cet extrait (ce qui – on s'en doute! – est extrêmement rare dans *Journal sans date*). 1956 : Gilbert Cesbron a quarante-trois ans; l'aînée de ses enfants a seize ans et, trois ans après la parution des *Saints vont en enfer*, il est devenu célèbre. Pour des centaines de milliers de lecteurs, son œuvre est signée au double sens du terme : son nom est bien connu – il n'a pas cru devoir utiliser un pseudonyme – et, en outre, ses livres portent le signe de la croix : parce qu'il est chrétien, mais aussi parce que sa compassion le rend fraternel à toutes les détresses de son temps.

Dans d'autres textes où il témoigne de sa conversion religieuse, Gilbert Cesbron atteste que le Christ qu'il a rencontré alors n'est pas le Christ en gloire des façades de cathédrale, mais le Christ aux outrages de la Passion. De ce point de vue, on peut discerner une certaine parenté entre l'œuvre de Cesbron et celle du peintre

---

3. Luc 6,21.
4. Matthieu, 8,8.
5. Luc 17,10.
6. Allusion à la parabole de l'« enfant prodigue », Luc 15.
7. 1 Corinthiens, 3,15.

Georges Rouault (plus particulièrement : la série de tableaux du *Miserere*). Aux yeux de Gilbert Cesbron, la plus belle œuvre de cet artiste est un vitrail de la chapelle du Plateau d'Assy : *Derelictus,* dont il a fait un commentaire remarquable : « sous des couleurs de nuit et de sang, dans le coin le plus retiré de l'église » (*LB,* p. 114), le Christ est représenté assis, attendant son destin. Il a été jugé, torturé. Dans quelques heures, il sera exécuté. « Abandonné de tous, il touche le fond » (*CQAV,* p. 37). Or, confie Gilbert Cesbron, « lorsque ma mère est morte »,

> « en février 1934, j'ai touché le fond, moi aussi, et alors j'ai découvert ce Christ-là. Dans mon livre *Mourir étonné,* se trouve une méditation sur la Sainte Face, parce que, pour moi, elle est inépuisable. C'est le visage (authentique) [8] de Jésus de Nazareth au comble de l'échec, de la solitude, de l'" abjection ". Derelictus... C'est lui que j'ai enfin rencontré à vingt ans, et alors, avec la touchante prétention et toute la sottise de l'autodidacte, j'ai fabriqué patiemment ma foi, avec plus de cœur que d'esprit (comme tout ce que je fais), en partant de la personne de Jésus, de Jésus au comble de la Douleur. C'est à ce moment-là que je suis devenu chrétien » (*CQAV,* p. 38).

On aura noté l'allusion à la Sainte Face, c'est-à-dire les traits du Christ qui se seraient imprimés sur son suaire. Nous verrons la place qu'occupe ce visage dans la spiritualité de Gilbert Cesbron.

En tout cas, c'est ce visage douloureux de Jésus-Christ que rencontre le jeune converti. Définitivement, la foi de Gilbert Cesbron sera compassion, au sens le plus fort du terme : association à la Passion du Christ. Mais non point à la manière doloriste du Moyen Age décadent! Pour Cesbron, la Passion est inséparable de la Résurrection, et surtout, elle porte témoignage d'un Amour sans limite : elle trouve ainsi son sens et donne sens à l'univers.

---

8. V. ci-dessus p. 118 : ce qui mobilise Cesbron, ce n'est pas la croyance en l'authenticité du Saint Suaire de Turin mais ce qu'évoque cette image.

De plus, elle n'est pas tournée vers le passé – contemplation languissante des souffrances du Jésus de l'Histoire – mais vers l'humanité d'aujourd'hui qui, d'une certaine façon, prolonge les souffrances du Crucifié. Ayant depuis l'âge le plus tendre fait alliance avec « les êtres sans défense devant la souffrance et l'injustice » (*CQAV,* p. 37), Gilbert Cesbron était sans doute mieux préparé que quiconque à recevoir ce message. Aussi, la rencontre du Christ après la mort de sa mère est-elle moins une découverte (comme celle que fit Claudel derrière un pilier de Notre-Dame) qu'une mise en perspective. Tout ce qu'il pressentait obscurément se met alors en place, prend sens, trouve un visage :

> « Il y eut la mort de ma mère et il y eut la Sainte Face : après dix ans d'aveuglement, il y eut cette révélation de la mort et de la résurrection du Seigneur Jésus-Christ, laquelle ressuscitait ma mère et moi; laquelle donnait enfin un sens à la douleur du monde, à la misère du monde – et qui d'autre lui en donne un, voulez-vous me le dire? » (*JSD II,* p. 71).

Si la prise de conscience est brutale, elle se prolonge en réflexion. Le jeune Cesbron, nous l'avons noté, « fabrique patiemment sa foi ». Les paroles du Christ entendues depuis l'enfance prennent enfin sens et saveur pour lui :

> « Une à une, il y eut les paroles du Seigneur Jésus-Christ. Depuis dix ans je les connaissais, mais il venait de poser ses pouces sur mes oreilles : " *Éphêta,* ce qui veut dire : Ouvre-toi... " [9] Et moi, pareil à l'aveugle-né guéri [10], je regardais à travers mon brouillard [11] l'Homme à la robe sans couture [12], " semblable à un arbre qui marche " [13], et

9. Marc 7,34.
10. Jean 9,1-38.
11. Marc 8,22-26.
12. Jean 19,23-24.
13. Luc 24,13.

> je marchais à son côté sur le chemin d'Emmaüs [13]. Et ces noms prirent enfin pour moi leur résonance éternelle : Emmaüs, Béthanie [14], Nazareth [15]. La paix de Nazareth, l'amitié de Béthanie, la joie partagée d'Emmaüs » (*JSD II,* p. 72).

Mais Gilbert n'était pas seul dans ce cheminement. Pour évoquer ceux qui l'ont aidé dans sa recherche, il cite pêle-mêle des vivants tout proches de lui : Dominique son épouse; le R.P. Roguet, dominicain, qui fut pour lui un conseiller spirituel plein de délicatesse, mais aussi les artistes et les saints dont l'œuvre ou la vie se trouvait particulièrement accordée à sa propre recherche :

> « Il y eut la Sainte Face; et puis tous les ambassadeurs de Dieu : Dominique, le Père R., la jeune fille Violaine, César Franck, Rouault, Thérèse Martin, Jeanne devant ses juges, Catherine Labouré, Bernadette Soubirous... Litanies de ma gratitude, je les cite sans ordre, fier de leur devoir plus que je ne pourrai jamais payer, et joyeux d'être entré à leur suite dans le tourbillon de la Communion des Saints » (*JSD II,* p. 72).

Un itinéraire spirituel

En retraçant la vie de Gilbert Cesbron dans la première partie de cette étude, nous avons mentionné les grandes étapes de son cheminement religieux après sa conversion au Christ, sa découverte du Dieu-Père à travers la splendeur de la Création, puis le choix de la non-violence qui oriente peu à peu toute sa vie. Il convient maintenant de retracer plus systématiquement cet itinéraire pour avoir un aperçu de la façon dont il a « fabriqué patiemment sa foi », pour reprendre son expression (*CQAV,* p. 38).

---

14. Jean 11,1.
15. Matthieu, 2,19-23.

Dans un premier temps, on l'a vu, la foi de Cesbron est tout entière fascinée par la personne du Christ, nourrie de la méditation assidue de l'Évangile. Mais cette méditation ne reste pas « contemplative », coupée des engagements quotidiens. Père de famille, laïc engagé dans une vie professionnelle intense, il entend bien ne pas cantonner le religieux dans des lieux et des temps définis, mais convertir toute son existence.

On a un écho de cet « engagement de la foi » (comme disait Mounier) dans le curieux essai intitulé *Introduction à la méthode de Ponce Pilate* (publié en 1957, à la fin de *Libérez Barabbas,* mais rédigé probablement beaucoup plus tôt). Le texte se présente très explicitement comme l'examen de conscience en même temps que la profession de foi d'un bourgeois chrétien, et il a parfois un ton quasiment autobiographique :

> « J'imagine, écrit Cesbron, un jeune bourgeois chrétien s'avançant dans ce monde, les yeux grands ouverts. Saura-t-il reconnaître son chemin parmi tant de traverses qui paraissent souvent plus droites, plus larges, plus accueillantes? Saura-t-il suivre sa ligne sur *la route aux cinq tentations?* » (*LB,* p. 213).

Ces cinq tentations sont autant de façons d'échapper aux exigences de sa condition : l'évasion mystique et la rêverie politique d'une part qui, toutes deux, conduisent à « débrayer », à « vivre à l'écart du siècle » (*LB,* p. 213), et d'autre part des attitudes qui consistent, à l'inverse, à se satisfaire du monde tel qu'il est, en justifiant le statu quo par des raisons morales (la bonne conscience, le devoir d'État) ou religieuses (« tout ce qui advient est providentiel »). Gilbert Cesbron, quant à lui, n'entend pas fuir sa condition, ni renier ses origines. Il refuse les solutions tranchées qui consisteraient à cesser d'être bourgeois ou à cesser d'être chrétien : « Deux solutions absurdes et impossibles, comme toutes celles que l'esprit profère avant de s'être laissé rejoindre par le cœur » (*LB,* p. 243). « Changer de classe, ce n'est pas aussi aisé qu'en chemin de fer! » *(ibid.).* D'ailleurs, cet acte héroïque ne réglerait que le confort moral d'un individu au prix de son inconfort matériel, mais ne résoudrait en rien le drame collectif de son milieu d'origine.

Il est caractéristique que, pour cette première tentative de description systématique de sa foi, Gilbert Cesbron ait le souci de se situer par rapport à ses origines sociales et culturelles. A la même époque, l'Action catholique basait sa spiritualité et son apostolat sur cette même notion de milieu. La classe ouvrière, le monde agricole, le milieu indépendant, le milieu étudiant constituaient tout à la fois le terrain d'action, le secteur dont on se sent responsable (pour ne pas dire la paroisse!), mais aussi le cadre de vie, avec ses solidarités et ses valeurs spécifiques. Des valeurs qui peuvent être « porteuses » au regard de l'idéal évangélique ou au contraire constituer autant d'obstacles.

En l'occurrence, Cesbron ne se dissimule pas les incompatibilités entre le style de vie de son milieu et les prescriptions évangéliques :

> « L'argent est l'unité de mesure de notre monde tandis que l'amour est, dès ici, dès aujourd'hui, celle du Royaume de Dieu » (*LB,* p. 192).
>
> « L'argent, c'est le contraire de la Communion des Saints » (*LB*, p. 195).

Cette incompatibilité appelle certains choix – et des choix qui peuvent scandaliser certains conformismes – mais il faut relever le défi. Aussi, les dernières pages de l'essai sont-elles un appel à l'action : c'est la dernière chance de ce bourgeois chrétien qui doit se sentir « doublement responsable » à l'égard du monde : de par son rôle social, mais aussi en raison de son sens chrétien de la solidarité. L'inverse, comme on le voit, de l'attitude de Ponce Pilate qui se lavait les mains devant l'injustice. On comprend mieux maintenant le symbolisme du titre!

Bourgeois ou non, les chrétiens de ce temps, estime Cesbron, doivent être des « chrétiens de plein vent » (*LB,* p. 253), réellement actifs dans la construction d'un monde plus humain. A la façon d'un Mounier, Cesbron est convaincu que l'engagement est la seule façon de traduire sa foi. On l'a bien senti à la lecture de ses romans sociaux qui paraissaient à la même époque, *Les saints vont en enfer, Chiens perdus sans collier :* Cesbron croit à l'efficacité de l'action sur le terrain. Mais une action, on le verra, qui n'est pas nécessairement spectaculaire. Le monde peut aussi se transformer par la multiplication de petits gestes sans envergure mais chargés de sens :

> « Je crois, écrit-il, aux " moyens pauvres ", humbles, offerts, répétés. Aux moyens qui sont à la mesure de n'importe quel enfant de Dieu » (*LB,* p. 259).

On retrouve, dans *Une sentinelle attend l'aurore* (1965), la même attitude, à travers la longue méditation qui a donné son titre à l'ouvrage tout entier (*SAA,* pp. 223-245). En analysant les caractéristiques de son époque, cette époque de gaspillage et de futilité qui le déçoit, Cesbron, « homme malade de son siècle » (*SAA,* p. 223), clame ses convictions. Au-delà de l'optimisme et de « son noir jumeau le pessimisme » (*SAA,* p. 237), il s'y affirme homme d'Espérance, « ce printemps de tout l'homme, ce mystère joyeux » (*SAA,* p. 241). Mais l'espérance n'est pas à ses yeux une cantilène pour bercer nos déceptions et nous faire rêver de lendemains moins affligeants. C'est une vertu de force qui nous met debout, au service des hommes et des valeurs essentielles : la Joie, l'Amour, la Liberté. C'est une vertu de patience qui fait de nous des veilleurs de l'avenir, en même temps que des ouvriers du présent.

En retraçant la biographie de Gilbert Cesbron, nous avons fait allusion à cette seconde conversion religieuse qui était intervenue dans les années 50, lorsque le romancier, à travers la splendeur de la Création, avait découvert la bonté du Dieu-Père. Cependant, nous l'avons signalé, il y a loin entre cette prise de conscience et l'extase un peu panthéiste des Romantiques! Ce n'est pas un homme seul, désespéré de la vie (ou faisant mine de l'être) qui s'émerveille du chant multiple de la nature, mais un homme responsable (pour ne pas dire un militant). Un homme que la découverte du Christ n'a pas exilé, mais au contraire jeté en pleine pâte humaine. (On se souvient de son action au Secours national, de sa militance aux côtés de l'abbé Pierre, de sa façon de concevoir la tâche du journaliste et de l'écrivain comme un témoignage.) Aussi, cette découverte du Créateur, si elle ajoute une dimension à sa foi ne la bouleverse pas fondamentalement. (On n'a pas vu, non plus, son style se modifier sensiblement après cette rencontre.) Mais, désormais, Gilbert Cesbron cite conjointement le Père et le Fils, le Créateur et le Rédempteur :

> « Dans le moindre oiseau, dans la moindre fleur, on voit Dieu le Père, écrit-il; mais dans un regard, on voit Jésus-Christ » (*JSD,* p. 18).

C'est en ces termes qu'il s'exprime, dans les deux derniers chapitres de *Ce que je crois* (1970) où, après avoir défini ce qui fait sa foi d'homme libre, tolérant, solidaire, il expose les racines de sa conviction religieuse. On retrouverait aussi les mêmes harmoniques dans la longue méditation *J'ai crié vers toi,* à la fin de l'essai *Des leçons d'abîme* (1971). Ces trente pages représentent une date dans le témoignage chrétien de Gilbert Cesbron. Il y exprime le cœur de ses convictions : le Royaume, la promesse, l'alliance – tout ce qui fait la certitude et l'espérance du croyant, mais aussi sa compassion et son sens du partage. Au début de cette profession de foi, Gilbert Cesbron exprime sa tendresse pour le Dieu-Père, ce Dieu vers lequel, dit saint Paul, l'Esprit en nous « crie Abba, c'est-à-dire Père » (Romains 8,15). « Mais non! remarque Cesbron, Abba ne signifie pas " Père ", mais " Papa ", et ce grand glacier d'amour qui nous sépare, translucide mais non transparent, fond en tendresse les jours de grâce » (*DLA,* p. 241).

Dans l'œuvre de Gilbert Cesbron, on perçoit une sensible différence de tonalité entre les romans des années 50 et ceux qui ont suivi. Dans les premiers, l'auteur n'hésitait pas à rendre le surnaturel visible (le héros des *Saints vont en enfer* fait un miracle, l'héroïne de *Vous verrez le ciel ouvert* bénéficie d'une apparition de la Vierge). Au contraire, dans les années 60, après cette phase de « merveilleux chrétien », la foi de Cesbron semble se faire plus « rationnelle », accordant plus de place aux cheminements naturels. Mais il est clair que c'est un approfondissement de la foi et non un attiédissement qui l'amène à cette prise au sérieux de la valeur de la Création. Et pour n'être plus exceptionnel, comme disait Mounier, le surnaturel n'est pas moins présent dans les derniers romans que dans les précédents.

On pourrait imaginer de classer les différentes spiritualités chrétiennes selon qu'elles s'adressent au Dieu-Père, au Christ ou à l'Esprit. Claudel se sent profondément fils du Père. C'est le Père, le Créateur qu'il a rencontré derrière le fameux pilier de Notre-Dame, et dont il célèbre la gloire... parfois le dogme! Péguy, lui, se sent profondément frère du Christ et à sa suite, toute une génération de chrétiens – surtout sous l'influence du renouveau biblique et de l'Action catholique. A n'en pas douter, comme un Bernanos ou un Mounier, Gilbert Cesbron est de ceux-là. Enfin, dans les années 70, au lendemain du Concile, une nouvelle génération de croyants, sous l'influence du mouvement charismatique, reconstruit sa foi autour et sous l'inspiration de l'Esprit Saint (Didier Decoin sera peut-être le porte-parole de cette spiritualité). Cesbron ne fait aucune mention de ces « charismatiques », sinon de façon très allusive dans son dernier roman. Ce sont probablement des adeptes du « Renouveau » qui demandent vainement au vieux prêtre traditionaliste l'hospitalité de son église pour leur réunion de prière hebdomadaire. L'abbé Benoît accepte du bout des lèvres, mais retire le Saint-Sacrement avant leur arrivée – au risque de les blesser : « Ce n'est pas un hangar que nous vous demandions! » (*MVA,* p. 309). Sans partager – bien évidemment – la méfiance de son personnage pour cette spiritualité, Gilbert Cesbron ne semble pas en adopter les conceptions ou les formes de prière. De fait, il est peu fait allusion à l'Esprit Saint dans son œuvre. En commentant l'hymne catholique *Veni Sancte spiritu* – « Toi le parfait Consolateur, le don du Dieu très haut » – il note, cependant, dans un texte resté inédit :

> « “ Esprit de consolation ”, non. Rien ne me console de ne pas voir, de ne pas entendre le Christ, respirer le même air que lui, dormir tandis qu'il veille, essayer de veiller tandis qu'il dort, le suivre jusqu'où mon courage me mène. »

C'est donc clairement par le Christ que Cesbron entend aller vers le Père et en dépit de sa « seconde conversion », sa foi demeure tout aussi « christique » qu'au premier jour. C'est Jésus-Christ qui est l'axe de sa foi : « Le visage du Christ, note-t-il sur un carnet, ses yeux toujours ouverts, sa bouche close (mais je connais chaque parole), le visage vivant, inaltérable me suffit. » Et à qui lui ferait remarquer que « Dieu est en trois personnes » et qu'il ne doit pas moins aimer le Père et l'Esprit, il se contente de citer l'Évangile : « Philippe, qui m'a vu a vu le Père [16] » (inédit). Les différentes professions de foi que comportent ses derniers essais témoignent de cette vision essentiellement christique : en 1971, *J'ai crié vers toi,* dans le recueil *Des leçons d'abîme,* porte en épigraphe la phrase célèbre d'Ibn Arabi : « Celui dont la maladie se nomme Jésus ne guérira jamais. » Même orientation en 1975, dans la longue méditation sur la Sainte Face intitulée *Un certain visage (ME)* et en 1978, un an avant sa mort, dans *Huit paroles pour l'éternité,* un commentaire très personnel de ces Béatitudes qui constituent à ses yeux le cœur du message évangélique.

> « Le Christ, écrit Cesbron, je vis en lui, de lui, pour lui, par lui, avec lui... Toutes les prépositions conviennent » (*UMEM*, p. 117).

---

16. Jean 14,9.

CHAPITRE 2

LA PREUVE PAR LA JOIE

On se souvient que Gilbert Cesbron déclarait avoir « construit sa foi avec plus de cœur que d'esprit » après sa conversion. Dans un passage célèbre du *Journal sans date,* il fait clairement le point sur sa conviction religieuse. On remarquera que la foi y est présentée, non en termes de certitude, mais d'engagement : la foi, pour Cesbron, n'est pas un ensemble de dogmes que l'on peut proclamer avec assurance, mais une invitation à transformer son existence au nom d'une parole entendue.

> « Je ne sais pas si le christianisme est la vérité, ni si la " civilisation chrétienne " ne rejoindra pas les autres dans l'oubli. Je sais seulement que c'est ma plus haute rencontre, qu'elle a transformé ma vie jusque dans ses caves ténébreuses, multiplié mon amour et mes amours; je sais qu'elle a donné un sens à tout ce qui me paraissait inexplicable, qu'elle m'a rendu mon Enfance et me fait rencontrer la Joie sur les chemins mêmes de la douleur » (*JSD,* p. 14).

Enfance, Joie et Douleur : autant de leitmotive de la méditation chrétienne de Gilbert Cesbron. Il nous faudra en son temps analyser chacun d'eux.

Au seuil de cette étude de la pensée religieuse de Gilbert

Cesbron, il nous a paru nécessaire d'évoquer à grands traits son itinéraire spirituel à partir de sa conversion. En reprenant le fil thématique de l'exposé, il convient d'analyser maintenant comment il justifie sa foi, ce choix qui parfois, dit-il, lui « donne le vertige » (*JSD,* p. 110).

Un choix qui donne le vertige

Paradoxalement, il semble, à première lecture, que Gilbert Cesbron récuse tout raisonnement apologétique. En particulier, il juge proprement ignoble la prudence boutiquière du fameux pari de Pascal :

> « Le célèbre " pari " de Pascal me paraît une de ces bassesses auxquelles peut conduire le proxénétisme ou la propagande, jamais l'apostolat. Employer, pour le convertir, une argumentation dont l'autre, une fois converti, rougira, c'est, de toute façon le mépriser et douter de Dieu... » (*JSD II,* p. 144).

Ailleurs, Cesbron refuse le pari, non point en raison de sa forme, mais même de sa finalité : la foi ne saurait être au terme d'un marchandage, mais pas davantage au terme d'un discours qui se veut par trop rassurant et présente l'engagement religieux comme la solution la plus confortable, la plus raisonnable – les romantiques diraient : la plus bourgeoise!

> « Le pari de Pascal est une assurance tous risques, c'est-à-dire le contraire même de la foi » (*BR,* p. 187).

De fait, il y a quelque paradoxe pour Pascal à nommer *pari* la conclusion d'un raisonnement rassurant qui entend démontrer que, somme toute, le choix proposé est le moins hasardeux! Pour Cesbron, la foi est par nature un risque, un engagement, un acte lourd de conséquences :

> « La foi n'est pas un parachute. Elle consiste au contraire, à sauter dans la vie, dans la mort, sans parachute » (*UDA,* p. 24).

Avoir la foi, c'est engager toute sa vie par fidélité, non point à des idées mais à une personne :

> « Nous avons tout misé sur la promesse d'un homme mort depuis deux mille ans et dont nous croyons justement qu'il n'est pas mort » (*JSD II,* p. 195).

Et dans son tout dernier livre posthume, Gilbert Cesbron reprend la même idée comme pour contresigner, pour confirmer le choix posé dans sa jeunesse :

> « Un homme qui arpente, trois ans durant, un petit pays en prononçant des paroles étranges; et moi, voici que j'ai mis mes pas dans les siens pour l'éternité; et nous sommes des milliards... » (*UDA,* p. 78).

Pour être radical, le choix de la foi ne va pas sans angoisse et sans combat. Au cours d'un débat radiophonique, Gilbert Cesbron avait réagi vivement à un propos d'Hervé Bazin qui évoquait la « chance » qu'il avait d'être croyant. A ses yeux, la foi ne saurait être une paix à bon marché – précisément parce qu'elle n'est pas monolithique. Comme beaucoup de croyants contemporains, Gilbert Cesbron n'est pas loin de penser que le doute n'est pas l'adversaire de la foi, mais la manifestation que la foi est vivante, en marche! Sur un de ses carnets resté inédit, il note :

> « Une foi qui doute et chancelle, c'est seulement un homme qui remet en cause pour l'affirmer à nouveau le choix de toute sa vie. »

On juge l'arbre à ses fruits

Puisqu'elle est un engagement, un choix libre et volontaire qui détermine toute une vie, la foi, selon Cesbron, ne peut se trouver au bout d'un raisonnement – fût-il moins scandaleux que celui de Pascal. La foi se justifie bien davantage par ses fruits dans l'existence quotidienne que par un échafaudage d'idées. Dans un de ses premiers essais, *Libérez Barabbas* (1957), il l'exprime sans ambiguïté :

> « Nous croyons sans preuve (...) – sans autre preuve que cette joie en nous, profonde comme l'océan (...); que cet amour en nous au milieu d'un monde déchiré; que cette paix en nous au siècle de la guerre totale » (*LB,* p. 237).

Quelques années après la « conversion » de Gilbert Cesbron, un célèbre jésuite avait écrit un ouvrage intitulé *La joie de la foi.* Je ne sais si notre ami l'avait lu. Il semble, en tout cas, que cette idée d'une preuve par la joie lui soit essentielle. Elle revient fréquemment sous sa plume. Nous n'avons pas compté moins de trois mentions, à quelques pages de distance, dans le premier volume du *Journal sans date* (1963) :

> « La seule vraie preuve de l'existence de Dieu, c'est la preuve par la Joie » (*JSD,* p. 183).
>
> « Il faut dire, parce que c'est vrai, que la joie est le privilège de ceux qui croient, de ceux qui aiment, et qu'elle est, le plus souvent, le contraire même de la jouissance. Cela ne se prouve pas mais s'éprouve, et se rayonne » (*JSD,* p. 158).
>
> « Ils disent que notre espérance du Royaume de Dieu est naïve; mais c'est " native " qu'il faudrait dire : inscrite en nous dès la naissance et plus proche de la Vérité que leurs

> dénégations sans preuves. La seule preuve, en ces matières essentielles, est d'ordre viscéral et non intellectuel. La seule preuve de l'existence de Dieu, comme de l'amour, est la Joie et le comportement que celle-ci inspire » (*JSD*, p. 57).

On notera que ces dernières lignes ajoutent un élément nouveau : Cesbron ne fait pas, à la manière de certains évangélistes américains, la publicité pour la foi « seule capable de donner le bonheur » : « Pour vivre heureux, vivez croyants! » Ce serait, on en conviendra, une bien mesquine apologétique! Il affirme seulement qu'on évalue une conviction à la qualité des actes qu'elle inspire : « On juge l'arbre à ses fruits », dit l'Évangile.

De plus, Cesbron souligne que la foi est de l'ordre de la relation entre les personnes : si Dieu existe, si pour moi Il est une personne vivante et aimante, comment s'étonner qu'Il ait sur moi des effets analogues aux personnes qui me sont chères? Et réciproquement, aurait-on envie d'ajouter (mais Gilbert Cesbron n'accepterait peut-être pas une telle formulation) : si Dieu me procure la même joie que mes amours c'est signe qu'Il n'est pas moins vivant!

On comprend mieux, dès lors, les affirmations de Cesbron sur la joie de la foi – une joie, nous aurons l'occasion d'y revenir, qui n'a rien de commun avec le bonheur sensible, et qui peut fleurir au sein des pires afflictions. En cela, Gilbert Cesbron n'est pas infidèle à la pensée d'un François d'Assise. « Ce n'est pas la loi, ni même la foi, mais la joie qui rassemble vraiment les chrétiens », écrit-il dans un texte demeuré inédit.

La liberté de la foi

Une autre dimension essentielle de la foi, pour Cesbron, c'est sa fondamentale liberté. « Dieu tout-puissant, écrit-il dans le dernier de ses livres, ne se refuse qu'un seul pouvoir : celui de nous faire croire en lui » (*UDA*, p. 159).

Un personnage des *Saints vont en enfer* se situe de façon analogue à l'égard de la foi. Sans affirmer à la façon de Tertullien : « Je crois parce que c'est absurde », il estime que l'absence de preuve est bénéfique pour la qualité de la relation à Dieu. A l'un de ses interlocuteurs qui lui demande : « Qu'est-ce qui prouve Dieu? », il répond non sans rudesse : « Absolument rien (...), heureusement! » (...) Et comme l'autre s'étonne, il précise : « Où serait (sinon) la confiance? où serait la fidélité? » (*SVE,* p. 66). La suite du texte n'est pas moins importante, car elle permet au croyant de préciser une dimension essentielle de sa foi. Si la foi ne se prouve pas, c'est parce que Dieu entend respecter la liberté de l'homme. S'il parle, c'est donc à voix discrète, de telle sorte que seuls l'entendent ceux qui écoutent attentivement ses messages.

C'est cette foi en forme de confiance qui met Gilbert Cesbron et nombre de ses personnages à l'abri de tout prosélytisme. Rien de plus opposé à la foi que de vouloir la rendre obligatoire à autrui (par la force des armes ou par celle des raisonnements). C'est précisément grâce à leur foi, que les personnages de croyants que Cesbron met en scène se montrent si confiants à l'égard des possibilités d'évolution religieuse de leurs interlocuteurs. Ainsi, sœur Saint-Paul *(Avoir été)* ne cherche nullement à catéchiser le jeune Patrick devenu adolescent : il découvrira les richesses du Royaume, « quand il en aura vraiment faim et soif ». Et de même, Valérie, en face de Laurent, *(Don Juan en automne)* ne manifeste aucun souci de convertir la « brebis égarée », l'âme en perdition : elle a la certitude que, tôt ou tard, il fera son chemin de lui-même vers la vérité. Et c'est bien ce qui arrive.

La seule preuve, c'est le Christ

Toujours en matière apologétique, on trouve sous la plume de Gilbert Cesbron cette forte affirmation : « Pour un chrétien, il n'y a qu'une " preuve " de l'existence de Dieu, et c'est le Christ » (*Ce que je crois,* 1970, p. 195). C'est dire que la personnalité du Nazaréen exerce une véritable fascination sur ses contemporains comme sur les actuels lecteurs de l'Évangile. « Quel autre livre, note Cesbron, pourrait-on relire un peu chaque jour, durant sa vie entière? » (*CQJC,* p. 196). Comme nombre d'exégètes contemporains, Cesbron considère que les miracles du Christ sont moins des preuves de sa divinité que des marques de sa compassion. De fait, ils ne convertissent que ceux qui ont déjà foi en lui.

> « Les miracles, écrit-il, ne sont que des symboles, des échappées de puissance; ou encore les " accélérateurs " d'un temps si mesuré : mille jours! Tandis que ses paroles... Après vingt siècles, c'est toujours vrai : " Jamais homme n'a parlé comme cet homme [1]. " » (*CQJC,* p. 196).

Alors même qu'au début du siècle, le clergé catholique dissuadait les fidèles de lire la Bible (par crainte, peut-être, qu'ils ne deviennent huguenots!), tout un renouveau biblique s'était fait jour, par la suite, dans l'Église romaine. Comme tant d'autres, Gilbert Cesbron en a bénéficié. Il méditait quotidiennement l'Évangile (et nous nous souvenons que, même au bureau, une petite Bible de Jérusalem, en format de poche, ne le quittait pas).

On l'a vu : sa foi est tout entière centrée sur la parole et la personne du Christ. Elle est donc plus mystique que théologienne. Pour lui, le terme de chrétien est à comprendre en référence au Christ bien plus qu'au christianisme! C'est en mystique, donc, qu'il parle du texte de l'Évangile – et il ne serait pas loin, sans doute, d'y voir un sacrement, un signe visible de la présence de Dieu au monde! L'Évangile pour lui, on s'en souvient, c'est « Dieu fait livre ». Pour lui, ce livre est révélateur d'une personne, bien plus que d'un ensemble d'idées. Comme toute expérience mystique, cette foi, cette espérance a donc la même intransigeance qu'une relation amoureuse :

> « On ne peut aimer Jésus-Christ que follement, écrit Cesbron dans son tout dernier livre, parce que c'est une

1. Jean 7,46.

grande et merveilleuse folie que de croire en lui, comme c'était à lui une grande et merveilleuse folie que de venir habiter parmi nous » (*UDA,* p. 211).

Ailleurs, Cesbron soutient l'opinion paradoxale que la foi en Jésus-Christ est en quelque sorte au-delà de la certitude :

> « Si quelqu'un m'avait prouvé que le Christ est en dehors de la vérité, et s'il était réellement établi que la vérité est en dehors du Christ, je préférerais rester avec le Christ plutôt qu'avec la vérité... Cette parole fera hausser bien des épaules. Heureusement, elle n'est pas de moi mais de Dostoïevski ; je la contresigne seulement. Allons, il faut vous résigner ! " Celui dont la maladie s'appelle Jésus ne peut pas guérir " » (*CQJC,* pp. 198-199).

Qui n'a pas l'expérience de cette foi peut, bien sûr, faire l'hypothèse qu'elle est seulement le fruit de l'imagination. L'homme croirait surtout parce qu'il aurait envie ou besoin de croire. Pour sa part, Cesbron comme Pascal distingue l'ordre du cœur et celui de la raison, en considérant que le premier est beaucoup moins hasardeux que le second. Cependant, beau joueur, il accepte de considérer l'hypothèse de l'athéisme. Mais elle n'entame en rien sa conviction de cœur :

> « On me dira : Mais qui vous prouve que tout cela n'est pas une création de votre esprit ? – De notre esprit et surtout de notre cœur, ce qui est beaucoup moins hasardeux. Pourtant, s'il en était ainsi : si des milliards de chrétiens s'étaient, depuis vingt siècles, laissé prendre à ce piège, à cette illusion, je dirais bonnement, quant à moi, comme Jean-Marie Vianney curé d'Ars : " S'il n'y a rien, je serai bien attrapé, mais je ne regretterai pas d'avoir cru à l'Amour " » (*CQJC,* p. 199).

Dans la même perspective, Gilbert Cesbron écrit curieusement dans son tout dernier livre :

> « Si Dieu n'existe pas, Jésus de Nazareth nous aura joué la fable du " Laboureur et ses enfants " » (*UDA,* p. 92).

CHAPITRE 3

VISAGES DU CHRIST

Après sa conversion, nous l'avons dit, Gilbert Cesbron a « fabriqué patiemment sa foi » « en partant de la personne de Jésus-Christ » (*CQAV*, pp. 37-38). D'autres convertis peuvent être fascinés par la majesté du Dieu-Père ou par l'efficace charité de l'Église à travers le temps et l'espace. Tel n'est pas le cas de Gilbert Cesbron. Ébloui, à vingt ans, par le visage du Christ, il ne cesse de méditer les épisodes de sa vie et les paroles de son Évangile. Jésus-Christ est proprement la mesure de sa foi et – nous l'avons vu – le point de repère de son existence :

> « Il y a ce fatras, avant et après Jésus-Christ : cette Bible si étrange, cette Église souvent plus satisfaite que satisfaisante. Mais entre les deux le Christ, pur et simple, incontestable » (*JSD II*, p. 110).

L'émerveillement de Cesbron pour l'Évangile, c'est qu'à travers ce livre, Dieu se mette à dimension humaine, se reflète à travers une vie d'homme, se traduise en paroles et en actions humaines. Par l'incarnation, Dieu se fait tangible, directement imitable. Ce prodigieux court-circuit évite (ou devrait éviter) au chrétien un des pièges les plus courants de la démarche religieuse. Lorsque les hommes, en effet, prennent conscience de l'Absolu, ils tentent de traduire leur découverte avec des mots forcément inadaptés à leur objet, puis de traduire ces mots en actions et en conduites quotidiennes. Double traduction, double risque de trahison! N'est-ce pas finalement le drame des Pharisiens de l'Évangile, esprits sincèrement religieux mais qui, par une traduction trop scrupuleuse des mots de l'Alliance, s'égaraient dans un juridisme tatillon puis dans l'hypocrisie ou la niaiserie! (On se plaît, du reste, à distinguer le pharisianisme, composante estimable du judaïsme, et le pharisaïsme dont les dictionnaires font un synonyme d'hypocrisie, de tartuferie!)

Pour sa part, Gilbert Cesbron est très sensible aux risques du langage religieux. Dans une page demeurée inédite, il remarque :

> « Tout ce qu'il serait essentiel d'exprimer : le Royaume, l'Esprit, nous trouve impuissants. Nos mots épaississent les mystères. Nos images engendrent toutes sortes de niaiseries qui écartent les esprits forts et endorment les simples. Entré dans notre infirmité, Jésus lui-même a dû utiliser un vocabulaire ambigu, celui des prophètes qui l'annonçaient. Il faut répéter sans cesse qu'il n'est pas " le fils de Dieu " comme Arsène est celui d'Adrien; qu'il n'est pas " assis à sa droite " car le Père n'est pas Charlemagne; que les anges qui sont proprement inimaginables ne sauraient " chanter "; que " louange " est un mot nul, " gloire " un terme clinquant et prostitué, etc. Allons, pas un mot ne *tient,* excepté " Dieu ", que nous n'avons pu ramener à nos usages familiers. Et " Amour " car, d'expérience, nous pressentons qu'il peut prendre une dimension d'infini. Ainsi la définition essentielle est sauve : " Dieu est Amour. " »

On le voit, il n'y a aucun « fondamentalisme » chez Gilbert Cesbron : ce n'est pas dans son moindre détail que le texte biblique est sacré à ses yeux, mais dans l'élan religieux qu'il traduit. On a noté, à la fin de la page que nous venons de citer, que l'attitude critique à l'égard du discours religieux l'amène à y discerner une grille de lecture : Dieu est amour. C'est cette clé qui lui permet de traduire le langage parfois déroutant de la foi : « Voici des années, note-t-il dans un carnet inédit, qu'en aparté, je remplace gloire par amour dans la plupart des textes liturgiques. » Et ainsi, écrit-il ailleurs, « tout devient lumineux ».

Sans doute, voit-on plus clairement maintenant dans quelle disposition d'esprit Cesbron « fabrique » sa foi « en partant de la personne de Jésus-Christ ». La méditation des différents épisodes de la vie du Christ, de ses différents visages, nourrit en permanence sa réflexion. Mais, comme on le verra, bien loin d'être une fuite, cette contemplation ne le rend que plus présent à son époque. Feuilletons donc l'Évangile avec lui pour découvrir les points de repère de sa foi.

Le tendre échec de Dieu

Pour un croyant, à l'origine de l'histoire humaine, il y a ce vertigineux mystère de la Création et de l'Incarnation : Dieu fait l'homme puis, comme dit saint Grégoire de Nazianze : « Dieu se fait homme pour rendre l'homme divin. » Sur ce thème, la théologie de Gilbert Cesbron paraîtra peut-être trop traditionnelle. (Nombreux sont actuellement les penseurs chrétiens à considérer que l'Incarnation n'est pas un amendement au plan initial de Dieu, mais faisait partie depuis toujours de son dessein d'amour.) En revanche, on pourra être sensible, dans ce texte, à la tendresse de ce Dieu que Cesbron ressent souvent plus maternel que paternel :

> « L'Incarnation est un mystère qui fait suite à celui de la Liberté. Dieu s'est incarné parce que, dans son amour, il ne pouvait plus supporter les conséquences de la liberté qu'il nous avait octroyée. L'homme est le tendre échec de Dieu, la déception de l'amour de Dieu. Celui-ci est donc venu placer, une fois pour toutes, en compensation infinie, tout le poids de son incroyable amour dans l'autre plateau de sa propre balance » (*JSD,* p. 168).

Dans ces conditions, que représente Noël, tel que le relatent les premières pages de l'Évangile? Gilbert Cesbron ne saurait le vivre comme la fête de la bonne conscience, des bons sentiments et des vœux pieux : « Dieu nous a fait l'honneur de s'incarner parmi nous. » A nous de « l'incarner quelquefois aux yeux de ceux qui ne le connaissent pas »! (*BR,* p. 13). Noël, ce n'est pas « de l'histoire ancienne » : le massacre des innocents s'appelle aujourd'hui génocide, pogrom, ratonnade... La Sainte Famille, ce sont des « personnes déplacées » et certaines bonnes âmes de ce temps montreraient du doigt Marie parce qu'elle est fille-mère!

L'homme à la robe blanche

« Ébloui » par le Christ, Cesbron ne cesse de méditer chaque épisode, chaque parole de l'Évangile, de la Nativité à la Résurrection. A ses yeux, du reste, Noël préfigure la Passion :

> L'homme à la robe blanche que les gardes viennent arrêter au Jardin des Oliviers, c'est « le petit enfant de Noël que, ce soir, on traque à nouveau. Ils auront donc mis plus de trente ans à s'emparer de lui! » (*LB,* p. 80).

Avec tout un courant de la spiritualité actuelle, Cesbron est convaincu que les différents actes de la vie du Christ sont indissociables. Ainsi, lorsqu'au sommet de la montagne, Jésus, pendant sa prière, apparaît « transfiguré, le visage changé et les vêtements d'une blancheur fulgurante » (Luc 9,28) il se révèle à ses amis tel qu'en lui-même. Comme les chrétiens d'Orient, on peut penser qu'il est présent alors, non plus avec son visage d'homme, mais avec son apparence de Fils de Dieu, d'ores et déjà dans la Gloire. Cette brève apparition est une promesse et une préfiguration de la Résurrection et aurait pu permettre aux apôtres de comprendre par avance que les outrages de la Passion ne pouvaient être le dernier acte de la tragédie.

Cesbron est convaincu qu'il en va de même aujourd'hui : le

croyant doit envisager inséparablement la Passion et la Résurrection. Il lui faut regarder en surimpression le visage du Christ à l'agonie et son visage de ressuscité, et regarder avec la même foi le visage de tout homme qui souffre :

> « C'est le visage de douleur du Christ qu'il s'agit d'aimer (afin d'y aimer tous les siens), mais éclairé par sa face de gloire (afin de contourner le désespoir). La transfiguration, si fugace qu'elle soit, nous est essentielle » (*JSD II,* p. 90).

L'affirmation ne va pas « de soi » et on a souvent le sentiment que Gilbert Cesbron se sent plus spontanément accordé au visage de douleur du Christ qu'à sa face rayonnante de Ressuscité, du fait de son tempérament anxieux, de sa perméabilité à la souffrance d'autrui, et probablement aussi, en raison des circonstances de sa conversion. Ils ne peuvent avoir la même spiritualité, ceux qui ont rencontré le Christ au fond du désespoir et ceux qui sont venus à la foi en « priant de joie »! D'emblée, certains croyants se sentent chez eux dans la lumineuse fraîcheur du matin de Pâques. Gilbert Cesbron, quant à lui, se retrouve davantage dans la nuit du Vendredi Saint, dans les affres de l'Agonie et de l'arrestation au Jardin des Oliviers, du procès inique et de la trahison des disciples. On a le sentiment qu'il lui en coûte de poser son acte de foi en la Résurrection :

> « Heureux ceux qui vivent dans le soleil de Pâques! Moi, je retourne sans cesse à mes ténèbres : je ne puis sortir de cette nuit du jeudi au vendredi parce que c'est à elle que le monde ressemble. Monde de trahison, de lâcheté, de démagogie; monde du " Tous contre un ", monde de soldats aux ordres des juges, de juges aux ordres du pouvoir, d'un pouvoir aux ordres de l'argent; monde où le coq chante en vain [2], mais où Judas compte ses deniers [3]

---

2. Luc 22,62.
3. Matthieu 26,15.

et laisse les idiots se pendre [4]... Pourtant, “ au milieu de vous se tient quelqu'un que vous ne connaissez pas [5] ”. Je le vois au milieu de nous, mais seulement dans l'homme offensé et humilié, dans le malade et l'abandonné, dans celui qui tombe pour la troisième fois [6]. Chrétien sans espérance, chrétien indigne, que la vue d'un petit enfant et le chant d'un oiseau suffisent pourtant à sauver du désespoir. Ainsi je marche vers la mort, de chute en relèvement – mais qu'a-t-il fait d'autre dans la montée du Golgotha [7]? » (*DLA,* pp. 258-259).

Porte ta croix et elle te portera

Nous avons noté déjà la fascination qu'exerce sur Gilbert Cesbron le visage de douleur du Christ :

> « Parce que je l'ai retrouvé au comble de la douleur, l'image qui m'est donnée de lui quand je ferme les yeux, la voici : épuisé, couvert de sang, et les soldats de Pilate lui crachent au visage en riant. Il a baissé ses paupières afin de leur épargner, plus tard, la hantise de son regard. (...) Sous leurs coups, ce visage devient peu à peu mais à jamais la Sainte Face. “ Astre levé d'en haut pour éclairer ceux qui sont assis dans les ténèbres et l'ombre de la mort [8]... ” Je vis fasciné par la Sainte Face » (*DLA,* pp. 257-258).

En effet : chaque jour, Gilbert Cesbron priait devant une reproduction du « Saint Suaire » de Turin, convaincu de son authenticité. Mais l'essentiel n'est pas là : il y a, pour lui, une vérité

4. Matthieu 27,3-10.
5. Jean 1,26.
6. Allusion à la dévotion du « chemin de croix ».
7. Jean 19,17.
8. Matthieu 4,16; Isaïe 9,1.

qui se moque de l'exactitude historique. Dans une page restée inédite, il remarque :

> « Si la Sainte Face n'est pas authentique – et rien ne pourra jamais le prouver – elle reste l'effigie de la Douleur, de l'ignominie acceptée et – quelque chose m'en assure – de l'innocence abandonnée et condamnée. Elle est donc placée sur le chemin du Christ. »

Cette image de la « Sainte Face » (celle de Turin ou celle peinte par Rouault) revient fréquemment dans les romans de Cesbron et l'un de ses derniers essais, *Mourir étonné* (1975), contient une longue méditation sur ce visage du Christ mort et ressuscité :

> « Dans *Le Lys dans la vallée,* quand son petit enfant est malade, Mme de Mortsauf dit : " Je dors, mais mon cœur veille. " (Un lecteur m'a écrit pour me dire que cette parole se trouvait dans *Le Lys dans la vallée,* sans doute, mais d'abord dans *le Cantique des cantiques* [9].) " Je dors, mais mon cœur veille... " Il me semble que cette phrase est inscrite sous la Sainte Face. C'est le visage d'un mort, mais qui va ressusciter; il dort mais son cœur veille. Dans ce visage, qui est entièrement ténèbres, je perçois une lumière qui est celle de la Résurrection. Ainsi, sur cette face, je lis à la fois la souffrance, la mort et la Résurrection. J'y vois, comme disait Thomas [10], " mon Seigneur et mon Dieu " – et j'y vois aussi le Père puisque le Christ a dit : " Qui m'a vu a vu le Père [11]. " Dieu est Amour : je vois là le visage même de l'Amour » (*CQAV,* p. 295).

Si le suaire de Turin est bien un cliché – « la photographie de Dieu », disait Claudel – il fige l'image du Christ à un instant bien défini de son histoire : dans la nuit du Vendredi Saint.

---

9. Cant. 5,2.
10. Jean, 20,28.
11. Jean 14,9.

> Il présente un « visage entre deux eaux, entre deux nuits, entre deux mondes : entre mort et résurrection. Ne le regardons pas dans la lumière qui est la sienne, mais dans cette ombre qui est la nôtre, l'ombre de la solitude et du désespoir : du tombeau. Car nous sommes tous au tombeau, tous sauf lui! " Il n'est pas le Dieu des morts mais celui des vivants [12]. " Cette étrange parole, le visage que voici nous aide à la comprendre. Elle signifie seulement que tous les morts sont vivants, autant que nous, *autrement*. Nous regardons ce mort et le savons vivant – plus que vivant : il est la Vie même [13] » (*ME,* p. 278).

« La Sainte Face est le soleil de l'âme », écrit Cesbron dans son *Journal sans date* (*JSD II,* p. 41). Et dans une page demeurée inédite, il la qualifie de « soleil noir qui éclaire la face cachée du monde » : le visage du Galiléen condamné à mort est avant tout promesse de vie.

Ainsi, c'est au cœur même de la Passion, que Gilbert Cesbron trouve la Résurrection. Mais, cette fois encore, la méditation des épisodes de la vie du Christ n'est pas sans lien avec la vie du monde qui l'entoure. Comme on le disait volontiers en milieu chrétien, dans les années 50, Cesbron s'efforce de « retrouver le Christ dans ses frères ». Le Nazaréen condamné à mort et qui s'effondre par trois fois, tandis qu'il porte sur ses épaules l'instrument de son supplice, ce n'est pas seulement, pour Cesbron comme pour tant d'autres, un personnage historique, mais l'image de tout homme qui souffre :

> « Le vertigineux déclin des Églises, parce qu'il va de pair avec une montée du désespoir, ne m'accable pas. Jusqu'à la fin de ce monde, il y aura des hommes qui se reconnaîtront dans ce personnage anachronique qui succombe sous le poids d'un madrier. Jusqu'à la fin de ce monde,

12. Marc 12,27.
13. Jean 14,6; 11,25.

une immense foule vêtue de noir, ou mourant de faim, ou serrant dans ses bras un enfant anormal, ou sentant grandir le cancer dans son ventre, suivra pas à pas cet homme sur la colline où l'on meurt parmi les ricanements [14]. Sa bouche est entrouverte; il va parler, et décisive pour eux sera cette parole; et, comme moi, ils l'attendront jusqu'à leur dernier souffle » (*BR,* p. 51).

Du même coup, les épisodes du « Chemin de croix » ne sont plus prétexte à rêverie doloriste, mais promesses de vie, on ne peut plus dynamisantes. Et c'est bel et bien en termes cosmiques que Cesbron évoque la Résurrection du Christ : le surgissement hors du tombeau concerne l'ensemble de la Création et toute la suite des siècles passés et à venir.

> « Le Christ, même s'il n'était pas ressuscité, jamais homme n'avait parlé comme cet homme [15] : prophète parmi les prophètes, et le plus grand de tous, il avait les paroles de la vie éternelle [16], mais les Temps n'auraient point changé. Tandis qu'au matin de Pâques, la pierre du tombeau, en s'écartant sur le vide, devient la porte des Temps nouveaux » (*JSD II,* p. 127).

---

14. Matthieu 27,39-44.
15. Jean 7,42.
16. Jean 6,68.

CHAPITRE 4

JÉSUS-CHRIST
OU LE RENVERSEMENT DES ALLIANCES
Les Béatitudes

Après avoir évoqué les visages du Christ qui ont le plus modelé la pensée religieuse de Gilbert Cesbron, il convient de repérer les éléments du message évangélique qui, en priorité, balisent sa réflexion. On l'a vu, les citations abondent sous sa plume, notamment dans les textes où il exprime sa foi. Il est cependant une page de l'Évangile qui a constitué pour lui une référence constante : les Béatitudes, dont il méditait chaque jour le texte (de préférence dans la version de saint Matthieu). Un de ses derniers livres a été consacré à savourer ces *Huit paroles pour l'éternité* (1978). Il y a là, à ses yeux, « le texte le plus important de l'humanité », « la charte de l'Alliance, le code même de nos vies ».

Ce qui était écrit en nous...

« Les Béatitudes, écrit-il, dans une page demeurée inédite, représentent notre vérité dans un miroir à huit faces. » Ses carnets attestent qu'il avait envisagé, un temps, d'écrire parallèlement à ces « huit paroles au versant de la montagne », une méditation sur les sept paroles du Christ « au seuil de la mort [1] ». Il n'a pas

1. Luc 23,34; Luc 23,43; Luc 23,46; Marc 15,34 (Psaume 22-21,1); Jean 19,26-27; Jean 19,28; Jean 19,30.

eu le temps ou le goût de le faire. Peut-être aussi considérait-il que les Béatitudes ont un rôle plus central dans le message chrétien.

Avant d'analyser ces huit paroles étranges, Gilbert Cesbron remarque que le mot « Béatitude » est « dangereux et malvenu », comme, d'ailleurs, on l'a vu, bon nombre d'autres termes du vocabulaire religieux :

> « Le mot évoque un bonheur immobile, sans réserve, sans fin – alors que plus d'une semble prescrire le contraire même de ce que les humains nomment le bonheur, et que chacune d'elles implique une longue soif, un combat sans trêve, un affrontement permanent à ce monde de violence et d'injustice » (*8PE,* p. 20).

Donc, une fois encore, le message chrétien se trouve trahi par son lexique :

> « A le résumer par ce mot " Béatitudes ", on le mutile, on l'édulcore, on le rattache à cette tradition douceâtre du christianisme qui le trahit, à l'inverse mais à l'égal de la vision morbide et carcérale qu'en gardent encore certaines églises » (*8PE,* p. 21).

Le principal risque, en l'occurrence, c'est d'*amortir* le choc de la parole :

> « *Le Christ des Béatitudes* a procédé à un renversement inouï des valeurs. " Bienheureux ceux qui pleurent, malheur aux riches, les doux posséderont la terre... " : il a dévalorisé à jamais tout ce qui fait à tort notre souci, notre fierté, notre hiérarchie » (*JSD,* pp. 83-84).

Il y a quelque chose de prodigieusement révolutionnaire dans ces huit propositions. La porte est étroite pour qui veut suivre le Christ dans cette voie! Aussi, remarque Cesbron, non sans humour :

« Économes, plaintifs, bégueules, timorés, etc. – que de chrétiens appliquent les demi-Béatitudes! » (*JSD,* p. 250).

Cependant, aussi singulières qu'elles puissent être, ces paroles – comme, du reste, tout le message évangélique – paraissent à Cesbron profondément accordées à ce qu'est l'homme. A l'inverse des jansénistes, Gilbert Cesbron est convaincu que le message chrétien, loin de contraindre, voire de piétiner la nature humaine, l'accomplit en plénitude, répond à ses exigences les plus profondes :

> « Jésus jette cette poignée de graines sur une terre nullement préparée, semble-t-il. (...)
> Et pourtant, non! Les hommes et les femmes qui entendent ces paroles ne sont stupéfaits qu'à la manière des somnambules qu'on réveille. Comment seraient-ils scandalisés d'entendre proclamer ce qui est écrit en eux de toute éternité? (...)
> C'est seulement le sommaire de leur nostalgie la plus profonde qu'il vient d'énoncer, sans complaisance mais non sans compassion, et en l'assortissant des seules promesses qui vaillent. Tout ce qu'il a dit, ces milliers d'auditeurs le ressentaient déjà mais *en creux;* sinon, ils se seraient levés et détournés du provocateur : ils auraient repris le chemin du " bon sens ", du " sens commun ", de l'abominable " sagesse des nations ". Pas du tout! ils vont demeurer là des heures, assistant sans protester au saccage de leur confortable refuge quotidien. " A qui irions-nous, Seigneur? Tu as les paroles de la vie éternelle [2]. " Et, lorsque l'homme en blanc descendra vers le lac que déjà transit le crépuscule, " des foules nombreuses le suivront [3] ". Elles ne le quitteront plus : ces huit Paroles les ont aimantées » (*8PE,* pp. 28-29).

---

2. Jean 6,68 (après le discours sur le Pain de vie).
3. Matthieu, 8,1.

Dans cette perspective, on comprend que, pour Cesbron, les Béatitudes ne sont pas l'apanage des chrétiens. Elles concernent tous les hommes :

> « Quand bien même Jésus le Christ ne serait pas la Parole de Dieu incarnée, *quand bien même Dieu n'existerait pas,* la vision chrétienne du monde et son " code ", les Béatitudes, sont sans doute les mieux (et peut-être les seuls) adaptés à la société des hommes, les plus aptes à la rendre vivable. Vous pouvez les laïciser, retrancher la seconde partie de chacune de ces huit Paroles, c'est-à-dire la Promesse, il demeure là un ensemble de règles essentielles et irremplaçables pour régir les rapports humains. Je crois que nous ne pourrons sauver l'Occident d'un naufrage honteux et le reste du monde d'une vie infra-humaine qu'en appliquant universellement l'esprit de Pauvreté, la Non-violence, la Compassion, la Miséricorde, la Pureté de cœur, la Tolérance, la recherche passionnée de la Paix et de la Justice » (*8PE,* p. 42).

On pourrait fort bien, remarque Cesbron,

> « agir, à son insu, selon l'Évangile, sans autre justification ni récompense que le désir et le plaisir de rendre ce monde respirable. Des saints de génie vivraient d'instinct selon l'Évangile, attestant ainsi " ce qui est écrit en nous " (*JSD,* p. 75).

Et réciproquement, il y a quelque scandale à lire l'Évangile sans s'efforcer de le mettre en pratique au plus concret de l'existence quotidienne. Cesbron exprime cette conversion de toute l'existence à travers cette belle image du *Journal sans date :* « La Grâce, comme l'eau, monte par le bas. Si elle ne baigne pas les actes les plus ordinaires, aucun espoir qu'elle inonde les plus hauts moments d'une vie » (*JSD,* p. 175).

« On est de sa Béatitude comme on est d'un pays... »

Bien sûr, chacune des Béatitudes ne trouve pas le même écho en tout homme. En parodiant Saint-Exupéry (« On est de son enfance comme d'un pays »), Cesbron affirme que chacun est « citoyen » d'une Béatitude déterminée. Pour sa part, il se sent plus particulièrement interpellé par la troisième : « Heureux ceux qui pleurent (ou : " Heureux les affligés "), ils seront consolés » (Matthieu 5,5) ou dans la version de Luc : « Heureux vous qui pleurez maintenant car vous rirez » (6,21). Dans son *Journal sans date* (*JSD II,* p. 64) il remarque qu'en écho, le Christ promet : « J'essuierai toute larme de leurs yeux [4]. » Dans son esprit, le verset vise tout autant ceux qui ont du chagrin que ceux qui partagent l'affliction d'autrui. Aussi, dans cet essai (*8PE,* p. 129), comme, sept ans plus tôt, dans son livre *Des leçons d'abîme* (*DLA,* p. 246), préfère-t-il la traduction : « Bienheureux ceux qui pleurent et ceux qui ont compassion. » Cette parole, dit-il,

> « ne m'a jamais déconcerté, jamais paru provocante; ce mariage de la joie et de la douleur, c'est notre condition, notre matière première. Cette troisième Béatitude m'a atteint comme une flèche, la première fois que je l'ai lue. Comme une flèche que jamais je ne pourrai retirer de la blessure mais qui, loin de l'envenimer, la soulage par l'espérance » (*8PE,* pp. 29-30).

Cette confidence ne nous surprendra pas, si l'on se souvient de tous les traits biographiques qui montrent en Cesbron un « homme de douleurs ». On voit mieux, en revanche, que la foi le sauve de ce que sa compassion pourrait avoir de désespéré. Mais il répète volontiers que cette espérance n'a rien de commun avec l'optimisme. Comme la foi dont elle n'est que l'aspect dynamique,

---

4. Apocalypse 21,4.

l'espérance est avant tout lecture de sens. Ce n'est pas la certitude bonasse que « tout finira bien par s'arranger »; mais la conviction qu'une Présence donne signification à l'inacceptable.

Gilbert Cesbron s'irrite des contresens fréquents qui ont été commis sur la troisième Béatitude et s'élève énergiquement contre ce dolorisme pseudo-chrétien, qui « prend prétexte des souffrances du Christ pour canoniser le malheur – celui des autres naturellement! » (*8PE,* p. 84). Sa propre mystique est à cent lieues de cette perpétuelle célébration des ténèbres et du Vendredi Saint :

> « L'amour de Dieu est joyeux : il console, efface, entraîne; il est couleur du ciel. Notre charité à nous est souvent grise : couleur de prison, d'hospice, d'église. Nous aimons le malheur; chez les chrétiens le noir est toujours " distingué ". Il n'y a guère que les saints pour volatiliser, d'un regard et d'un sourire plus souvent que d'un mot, ce snobisme du malheur qui est une tare chrétienne » (*8PE,* p. 85).

En outre, on s'en souvient, Cesbron n'a que méfiance pour les trop savantes constructions des théologiens, notamment à l'égard de la souffrance :

> « " Bienheureux ceux qui pleurent. " Il n'a pas ajouté : " Car ils participent ainsi à la rédemption du monde "; ni " A la condition qu'ils offrent leurs souffrances pour le salut des autres. " Ce ne serait pas un langage de père mais de théologien. Comme tous les pères, celui qui est aux Cieux déteste la souffrance de ses enfants. Il ne l'a pas voulue; Il la permet parce qu'elle est le sous-produit de la liberté accordée à toutes les créatures, et aussi bien au virus du cancer qu'au volcan ou à Hitler. Il la guérit parfois, quand notre libre prière ouvre une brèche par où sa puissance peut s'engouffrer dans le monde. Le temps venu, Il la console sans conditions, ainsi qu'Il l'a promis. Mais bienheureux ceux qui savent que leur douleur est à

l'image de celle du Christ et coopère, elle aussi, à chasser le Prince de ce monde, à faire contrepoids au Mal » (*8PE*, p. 86).

On voit donc se profiler à l'horizon le « doux Mystère de la Communion des Saints » *(ibid.)*, dont nous aurons l'occasion de parler plus amplement par la suite.

Sur cet exemple, on voit mieux aussi la lecture qu'entend faire Cesbron du texte évangélique : « Pour universelles qu'elles soient, note-t-il non sans humour, les Béatitudes ne relèvent pas du " prêt-à-porter ". Chacun doit patiemment, lucidement, les adapter à ses propres mesures » (*8PE*, p. 35). Aussi s'efforce-t-il de traduire chacune dans les termes qui l'interpellent au cœur de sa propre existence. En redonnant vie ainsi à ces formules trop répétées, il découvre parfois des traductions surprenantes. C'est ainsi que « Bienheureux les pauvres » devient un hymne à la liberté, à l'égalité et à la fraternité :

> « L'esprit de Pauvreté (...) se définit moins par les distances que l'on prend avec " la richesse " que, positivement, par la richesse et la jouissance des vraies richesses et des joies vraies, lesquelles sont " pauvres ", dans le sens de gratuites. Il s'exerce dans le domaine commun à tous les hommes : leurs bonheurs et leurs émerveillements les plus simples, ce qui leur est donné de tout temps et sous toutes les latitudes. Il faut apprendre à aimer ce qui n'a pas besoin d'être rare pour être précieux. C'est pourquoi l'esprit de Pauvreté est le germe de cette Égalité et de cette Fraternité qu'on cherche en vain par les voies politiques, ainsi que de cette Liberté véritable que ne connaîtront jamais ceux qu'assujettissent leur pouvoir ou leurs biens. Nous, les riches, sommes pareils à ces gros enfants tellement gavés, tellement emmitouflés qu'ils ne sont capables d'aucun mouvement. Les pauvres en esprit, eux, ont l'âme *déliée* » (*8PE*, pp. 52-53).

Dans le pétillement des formules chocs qui émaillent son *Journal sans date,* Cesbron écrit, sans nuances cette fois : « L'étouffe-chrétien, c'est l'argent! » (*BR,* p. 75). Pour lui, « l'esprit de pauvreté » auquel convie la première Béatitude n'est pas sans lien avec « l'esprit d'enfance » célébré par l'Évangile. De façon lapidaire, il note dans un inédit :

> « Respiration du chrétien : l'inspiration c'est l'esprit d'enfance; l'expiration, l'esprit de pauvreté. »

Nous reviendrons, dans le chapitre 5, sur cet esprit d'enfance qui est pour lui un aspect essentiel du message évangélique.

La traduction que Cesbron propose de la seconde Béatitude dut surprendre plus d'un lecteur : « Bienheureux les Non-violents, ils hériteront la terre. » Pourtant, l'auteur n'a pas de peine à la justifier :

> « Ce n'est pas en ces termes que la seconde Béatitude est couramment formulée : on dit plutôt " Bienheureux les doux ". Mais il s'est produit, dans l'Église catholique comme dans l'art sacré, une perversion du doux en douceâtre qui disqualifie cette épithète. Quand Jésus de Nazareth affirme qu'il est " doux et humble de cœur [5] ", cela devrait cependant nous inciter à chercher dans ses actes et ses dires une définition vivante et vraie de ce terme. Or, la " douceur " de Jésus n'est rien autre que ce que nous appelons à présent la Non-violence. Quoi d'étonnant, puisque Gandhi, qui l'incarna historiquement, révélait avoir fondé sa doctrine et sa méthode sur le Sermon sur la montagne? Lui-même ne les nommait pas " Non-violence ", mais usait d'un terme positif à peu près intraduisible, quelque chose comme " force de la Vérité " – ce qui rend un son tellement évangélique qu'on ne peut s'y tromper » (*8PE,* p. 70).

---

5. Matthieu 11,29.

On se souvient que la Non-violence fut, pour Gilbert Cesbron, une rencontre capitale; le héros d'*Entre chiens et loups* (1962) étant, en ce domaine, un fidèle reflet de lui-même. L'écrivain en a la conviction :

> « C'est avec la Non-violence que se précise non seulement le profil de " l'homme des Béatitudes ", mais l'image même du " Peuple de l'Alliance " (...), qu'aucun territoire ne rassemble et que ne soude qu'une Histoire invisible et comme souterraine. Épars dans le temps et l'espace, ils se pressentent appartenir à l'Alliance secrète qui, dans la nuit de Jérusalem, s'est conclue entre les petits et les pauvres et le Roi des rois. A Jérusalem : dans le Jardin des oliviers, le prétoire de Pilate et sur le Golgotha – mais aussi à Béthanie. Dans la trahison, l'abandon, le reniement, l'injustice, l'humiliation, la mort – mais aussi dans la tendresse, la confiance et l'amitié » (*8PE,* pp. 73-74).

Gilbert Cesbron traduit la quatrième Béatitude : « Bienheureux ceux qui ont faim et soif de la sainteté », alors que la plupart des versions préfèrent évoquer la justice... Mais le contresens n'est peut-être pas là où on le croit! Dans la pensée biblique (notamment dans l'Ancien Testament), « la justice désigne l'observance intégrale des préceptes divins [6] ». Le juste, dans le livre des Proverbes, la Genèse ou chez le prophète Ézéchiel, est l'homme « pieux, le serviteur irréprochable, l'ami de Dieu [6] ». L'Évangile prolonge ces perspectives en montrant comment Jésus – notamment lors de son « baptême » par Jean-Baptiste « accomplit toute justice [7] ».

Surtout si elle est exprimée ainsi, cette quatrième Béatitude, estime Cesbron, nous révèle que nous sommes de la race même de Dieu :

---

6. *Vocabulaire de théologie biblique,* Le Cerf, Paris, 1962, p. 515.
7. Matthieu 3,15.

> « Sainteté... Comme l'éclair, d'un coup, illumine l'infini du ciel, ce mot nous révèle la distance qui nous sépare de Dieu. “ Toi qui es vraiment saint, toi qui es la source de toute sainteté... ” Cette confrontation éclair se nomme *l'Humilité,* laquelle est, avant tout, l'acceptation joyeuse de notre disproportion infinie d'avec notre Père. Disproportion mais pas, comme disent les mathématiciens, “ incommensurabilité ” : c'est de la même unité de mesure que se sert notre âme pour Dieu et pour elle-même, faite à son image; simplement, “ l'échelle ” va de l'infime à l'infini » (*8PE,* p. 98).

La miséricorde qu'évoque la cinquième Béatitude [8], ne donne pas lieu à moins de contresens parmi les hommes d'aujourd'hui.

> « Ce terme fait peut-être ricaner de nos jours, note Cesbron, mais c'est un mot admirable, de par son étymologie même : il est fait de misère et de cœur. Cette miséricorde est à la fois la petite vertu quotidienne du chrétien et un attribut royal : l'expression même de la puissance de Dieu. Dieu fait miséricorde, c'est-à-dire qu'il dépasse la justice » (*CQAV,* p. 160).

Dans son commentaire, Gilbert Cesbron souligne ce double aspect incommensurable de la miséricorde :

> « La Miséricorde est à la fois le propre de Dieu et la vertu familière qu'il nous est donné d'exercer chaque jour. Elle n'a peut-être jamais été plus humblement essentielle que dans ces temps de peur et d'exaspération. Elle est tout ensemble la mère et la fille de l'esprit d'Enfance. Quand on a une fois compris ce maître mot Miséricorde, à quoi il nous engage mais aussi ce qu'il nous promet, on ne peut plus le prononcer qu'avec un certain sourire : celui

8. « Heureux les miséricordieux car ils obtiendront miséricorde » (Matthieu 5,7).

qui, parfois, nous intrigue tant sur le visage des morts et nous prouve justement qu'ils sont entrés dans la Lumière » (*8PE,* p. 115).

En essayant de cerner le sens le plus concret de ce terme dans la vie quotidienne, Gilbert Cesbron remarque :

> « Il existe deux manières d'interpréter ce que sont (ou plutôt paraissent être) les autres, ce qu'ils font, ce qu'ils disent, ce qu'ils pensent. L'une qui prétend juger, donc accuser ou, à tout le moins, étiqueter de l'extérieur ; l'autre qui tente de comprendre et, à tout le moins, fait crédit. De la première attitude, dite " réaliste ", découlent la méfiance, parfois le mépris, parfois la violence et toujours une certaine peur. De la seconde, et c'est proprement la Miséricorde, naissent la bienveillance, la confiance et finalement l'amour » (*8PE,* p. 107).

C'est le terme de Transparence, même s'il ne se trouve pas tel quel dans l'Évangile, qui constitue pour Cesbron le maître mot de la sixième Béatitude : « Bienheureux les cœurs purs, ils verront Dieu. »

> « Rien, dans un cœur pur, ne s'oppose au passage des rayons : non seulement il voit Dieu, mais on voit Dieu à travers lui. C'est même notre seule façon de le " voir " : dans le regard des saints, c'est-à-dire de ceux en qui il demeure. Diaphanes, de plus en plus transparents, Charles de Foucauld, Jean-Marie Vianney (la photographie en témoigne) et tous leurs compagnons! On ne devrait leur élever que des statues de cristal » (*8PE,* p. 123).

Nous avons déjà mentionné tout ce qu'évoquait pour Cesbron (et pour nombre de militants d'Action catholique dans les années 50) cette vertu de transparence : être témoin du Christ, c'est lui être transparent, disciple parfaitement fidèle et « ressemblant ». « Celui qui vit adossé au Christ, remarque joliment Cesbron, il faut de surcroît qu'il soit transparent, sinon il le cache! » (*UMEM,* p. 28).

C'est en termes analogues qu'il parle de la septième Béatitude : « Bienheureux les artisans de paix : ils seront appelés fils de Dieu. »

> « La paix, c'est la reconnaissance, sans aucune réserve, de l'autre, individu, classe sociale, peuple ou race. Étant donné les disparités naturelles, les oppositions artificielles, les rivalités dites instinctives, et surtout les Puissances qui, de toutes parts, ont intérêt à nourrir les unes et les autres, il ne suffit pas de bon sens et de bonne volonté pour travailler à la paix. Il y faut de l'amour. De l'amour pour des inconnus, des étrangers, des rivaux, c'est beaucoup demander! Et pourtant, voilà le prix de la paix; et celui qui y travaille doit, par définition, en fournir pour deux » (*8PE,* p. 133).

Ainsi,

> « celui qui, dans la rue, sépare deux gosses acharnés l'un contre l'autre; ou qui, dans un bureau de poste, prend calmement la défense de l'employé de guichet contre un usager hargneux, celui-là travaille déjà pour la paix. Et la preuve, c'est qu'il court déjà le risque que la paix se conclue sur son dos, ainsi qu'il est de tradition; mais que lui importe, si elle se conclut vraiment? » (*ibid.,* p. 132).

Dans le même esprit, Cesbron remarque que la huitième et dernière Béatitude se termine mot pour mot comme la première. Le royaume de Dieu appartient à ceux qui ont l'esprit de pauvreté comme à ceux qui sont persécutés pour la justice. Mais désormais ce terme de Royaume qui paraissait assez mystérieux dans la première Béatitude s'est trouvé élucidé par chacune des sept autres :

« Car le Royaume, c'est justement le " lieu " et le " temps " où règnent la Non-violence, la Compassion, la Sainteté, la Miséricorde, la Pureté de cœur et la Paix. Mais non! elles n'y " règnent " pas : elles y sont constamment sécrétées par ceux qui ont fait de ces Paroles leur règle de vie, leur nourriture, leur joie. Ni vous ni moi, sans doute! mais l'important est que le Royaume demeure notre horizon. Le propre de l'horizon est peut-être de reculer au fur et à mesure qu'on progresse; mais enfin il existe, il vous enchante d'avance et donne au voyageur, à chaque instant, sa provision d'espérance » (*8PE,* pp. 136-137).

CHAPITRE 5

ON A AUTANT D'ÂME QUE D'AMOUR

Après avoir repéré les racines des convictions chrétiennes de Gilbert Cesbron, la nature de son acte de foi, le visage et les paroles du Christ sur lesquels sa croyance prend appui, il convient d'analyser son agir de croyant ou, si l'on préfère, la façon dont sa certitude éclaire son action.

Il ne suffit pas d'être croyant, il faut aussi être crédible (BR, *p. 210).*

Nous avons déjà noté que, pour Gilbert Cesbron, la foi était indissociable d'une certaine façon d'être et d'agir. Ou, plus exactement, la foi n'est pas (ou pas seulement) une certitude dans l'ordre de la pensée mais un appel à une transformation de l'existence concrète. L'étymologie l'indique bien : se convertir, c'est moins s'ouvrir à de nouvelles idées que s'orienter dans une certaine direction. C'est pour cela que Gilbert Cesbron accorde tant de prix à la fidélité :

> « Je ne place rien au-dessus de la fidélité. Je veux dire la véritable; car on désigne ainsi, le plus souvent, une docilité servile qui n'en est que l'humiliante caricature : La fidélité n'est pas une vertu de chien. Être fidèle, c'est, jusqu'aux larmes, jusqu'au sang, demeurer digne de sa plus haute

> rencontre. Celle d'une idée, d'un être ou de Dieu, peu importe : *fidélité, foi, confiance,* c'est le même mot et il comporte beaucoup de contraires tous répugnants : lâcheté, trahison, tromperie... » (*DLA,* p. 227).

Bon latiniste, Cesbron n'a pas oublié que la *fides* est tout autant adhésion à une certitude qu'à une personne : croire *à* quelque chose, ou croire *en* quelqu'un... On aura noté aussi la formule : « Jusqu'aux larmes, jusqu'au sang, demeurer digne de sa plus haute rencontre. » En rigueur de termes, elle définit le martyre comme la militance chrétienne : s'efforcer de demeurer digne de la rencontre de Jésus-Christ, soit en offrant sa vie « d'un coup », soit en s'efforçant laborieusement de la rendre plus conforme aux exigences évangéliques. Dans un cas comme dans l'autre, le Christ demeure la référence et oriente l'existence dans ses grandes options comme dans les actions les plus banales.

> « Cette Croix, dressée tel un poteau indicateur, nous définit à jamais le Temps et l'Espace. Nous, chrétiens, savons que chaque minute compte, que chaque minute est graine d'éternité, qu'en une minute, tout peut basculer, être transfiguré : que c'est Noël à chaque instant. Nous chrétiens savons que cet espace intersidéral dont s'effraie l'esprit est seulement l'unité de mesure de Dieu. Lui seul est à l'échelle des constellations... Mais aussi que la plus brève de nos pensées, le souvenir le plus fugace du plus médiocre des humains sont eux-mêmes constellations. Graine d'infini, chacun de nous, à chaque instant – c'est la marque de Dieu » (*LB,* p. 203).

On ne peut manquer d'être sensible à l'aspect très pascalien de ce texte. Cependant, hormis l'analogie des images, la perspective demeure très différente de l'évocation des « deux infinis ». Alors que Pascal s'efforce d'amener son lecteur à une prise de conscience métaphysique grâce à un vertige bien tempéré, Cesbron s'exprime d'ores et déjà en théologien : il ne s'agit plus de regarder le spectacle de la nature, mais de procéder à une lecture religieuse du donné créé. Pour Cesbron en effet, ce dialogue du temps et de l'éternité au cœur de chacune de nos actions est à l'image du Dieu incarné qui, en sa personne, conjugue la transcendance et l'immanence, comme disent les philosophes. Autrement dit, Dieu est à la fois le Tout autre et le plus proche – « plus intime à nous-mêmes que nous-mêmes », selon le mot de saint Augustin :

> « Le Christ, écrit Cesbron, est tout ensemble notre sel et notre diamant : le plus précieux et le plus familier – sans prix... » (*LB,* p. 204).

Ce sentiment de la familiarité de Dieu colore définitivement la foi de Cesbron, et lui donne sa caractéristique propre : dans son adhésion au Christ, pas la moindre trace de jansénisme. Comme saint Paul, il affirmerait volontiers que la foi véritable – autrement dit un amour authentique de Dieu – bannit la crainte.

> « Dieu, dans l'Ancien Testament, et Jésus, tout au long de l'Évangile, répètent patiemment : " C'est moi, n'ayez pas peur... " Rien ne blesse davantage Dieu que notre peur parce que la peur est le contraire de l'amour » (*BR,* p. 93).

Les conceptions morales de Gilbert Cesbron se développent donc dans une tout autre perspective que l'opposition du permis et du défendu. « Pour un vrai chrétien, écrit-il, il n'y a plus d'interdictions : seulement des impossibilités » (*JSD,* p. 51). Le christianisme n'est pas un code qui s'imposerait à ses fidèles sous peine de sanction, mais une fidélité à une personne vivante. Comme toute relation vraie, celle-ci n'interdit rien, mais il est des choses qui, à sa lumière, paraissent incongrues! Aux yeux de Cesbron, on l'a vu, c'est cette purification de l'action qui constitue la meilleure apologétique. Ce n'est pas l'agilité de la rhétorique qui convertira les incroyants, mais la qualité de l'être et de l'agir des fidèles.

Le Royaume et ses exigences [1]

C'est sans doute en fonction de cette orientation de la foi vers l'action que Cesbron découvre la présence de l'éternel au cœur même du temps. Comme plusieurs théologiens de notre époque (mais il est probable que ce n'est pas dans un livre que Cesbron a acquis cette certitude!), il affirme souvent que le Ciel, l'Éternité, la Résurrection ne sont pas situés après la mort. D'ores et déjà nous sommes ressuscités. La foi, c'est précisément ce regard qui décèle la présence de Dieu aux moments privilégiés de l'existence. Lors donc qu'il parle du Royaume de Dieu, ce n'est pas un au-delà du temps que Cesbron évoque, mais la communauté de ceux qui, en ce monde, vivent à cette lumière.

> « Dans la primitive Église, remarque-t-il, on appelait " saints " ceux qui visiblement, vivaient déjà dans le Royaume, dans la Communion des saints. " Ils avaient rencontré l'Amour et ils avaient cru en lui " [2] » (*8PE,* p. 138).

Et quand, dans l'Évangile, le Christ affirme que le Royaume de Dieu appartient à ces fidèles, il ne parle pas au futur mais au présent : « Heureux les pauvres, les persécutés pour la justice, car le Royaume est à eux. » Le Royaume désigne donc tout à la fois la façon de vivre des chrétiens les plus convaincus et la communauté qu'ils forment mystérieusement; il s'agit d'un constat en même temps que d'une espérance :

> « Du Royaume, on parlerait sans fin comme, à mi-voix, des exilés de leur patrie. Ils n'ont ni les mêmes souvenirs

---

1. Titre d'un ouvrage du Père Yves de Montcheuil, l'Épi, 1957, dont les perspectives sont proches de celles de Cesbron.
2. Jean 4,16.

ni les mêmes rêves; pourtant, c'est bien le même pays qu'ils évoquent avec une égale tendresse et de longs silences plus riches d'images que toute parole.
Il est donc dès à présent parmi nous, ce Royaume, ouvert et clos, visible et invisible, transparent! Il ne recoupe aucune structure, aucun rassemblement. Ce n'est ni " la fête ", ni la paroisse; c'est... C'est le soleil qui traverse un vitrail, et voici un groupe d'inconnus qui, brusquement, tous ensemble, à leur insu, deviennent d'une même couleur irréelle. Le temps de s'en aviser, c'est fini! Il court, il court, le Royaume... » *(ibid.)*.

Dans *Ce que je crois,* Cesbron s'emploie à montrer que ce Royaume, loin de nous dépayser, est totalement accordé aux aspirations les plus profondes de l'humanité en nous :

> « Pour ceux qui sont en mal de preuves (nous tous, à certaines heures) (...), je n'en vois pas de plus recevable que cette constatation : tout ce que ce Jésus, esprit de Dieu incarné, est venu annoncer *était déjà écrit en nous.* Ces immenses vérités que chaque siècle – et celui-ci plus que tout autre – s'obstine à bafouer, ces exigences à contre-courant de toute facilité, le Christ est venu seulement les ranimer, les sceller par sa mort et, en les vivant lui-même, prouver qu'elles étaient viables. Elles sont si hautes, si contraignantes, si " folles " qu'il serait oublié depuis longtemps si elles ne correspondaient pas à ce que l'Amour imprime en chacune des âmes qu'il crée » (*CQJC,* p. 191).

L'argument des premiers chapitres du livre est précisément de montrer la parenté entre le message évangélique et les valeurs laïques qui peuvent être le bien commun de « ceux qui croient au ciel » et de « ceux qui n'y croient pas ».

> « J'ai déjà fait, à ma façon, l'inventaire de ces grands appels qui sous-tendent nos vies et se nomment liberté,

égalité, fraternité; à la lumière du christianisme, ils ne changent pas mais deviennent plus évidents, plus exigeants aussi » *(ibid.)*.

En nous révélant que tous les hommes sont fils d'un même Père, en nous apprenant à aimer autrui comme nous-mêmes, l'Évangile, en effet, définit l'égalité absolue entre les hommes, bannit le racisme comme l'aliénation sociale :

> « Cohéritiers d'un même Père, nous possédons tous la terre en indivision; mais de cette indivision-là, au rebours de celle du Code, nul ne peut sortir, Dieu merci!
> La sorte d'égalité dont nous avons faim et soif, celle où l'amour a sa part, c'est la fraternité. L'immense joie est qu'il ne soit pas " mon Dieu " mais " notre père " » (*CQJC*, p. 191).

C'est en fonction de cette certitude de la présence actuelle du Royaume, que Cesbron dénonce la façon dont le christianisme est souvent utilisé par les adeptes du statu quo :

> « Les chrétiens ayant commis, au profit des puissants, le crime de confondre Résignation avec Attente du Royaume, le christianisme fait figure d'ennemi dans une Révolution que le Christ est pourtant venu apporter sur la terre » (*BR*, p. 81).

On le devine : Cesbron n'est pas homme à se payer de mots, à se contenter de généreuses proclamations sociales ou politiques qui dispenseraient de prendre des mesures concrètes. En adepte de la Non-violence, il est convaincu qu'une *action* même très limitée est préférable au plus enthousiasmant des discours. De même, il sait qu'on ne change pas le monde sans changer les hommes et d'abord sans se changer soi-même. Dans son essai *Des leçons d'abîme* (1971), il élabore un code destiné à convertir sa propre vie quotidienne :

« Ce chapitre, dit-il, tisse, ligne à ligne, une étoffe dont je voudrais que chaque heure de ma vie fût vêtue. Il est composé d'une suite d'ordres ou de souhaits dont presque aucun, toutefois, ne s'exprime à l'impératif; car (comme dit prudemment le dictionnaire à propos de ce mode), c'est le ton de voix qui distingue l'ordre impérieux du simple souhait. (...) » (*DLA,* p. 215).

Le plus souvent, en effet, ces prescriptions sont rédigées à l'infinitif – le « mode de l'agenda », dit un grammairien humoriste – et Cesbron, quant à lui, remarque :

« Le dictionnaire dit encore que l'infinitif français comporte deux temps : le présent et le parfait. Le cœur et l'âme aussi, crucifiés entre la médiocrité quotidienne et la hantise de la perfection » *(ibid.).*

Quelques échantillons donneront une idée de ce code et de la personnalité spirituelle apaisée qui était celle de Cesbron. L'influence de la pensée non violente y est très nette, comme on le verra :

« Tenir toujours son corps en laisse.
Tout ce que la science, l'argent, le pouvoir mettent à notre service, le considérer comme nul : méditer en homme nu.
Se donner aux êtres, se prêter au monde.
Surtout pas une vie *défensive !*
Parvenir à aimer comme on respire : c'est-à-dire sans s'en aviser, mais en étouffant dès qu'on cesse.
Parvenir à admirer tout court : sans comparer, sans s'immiscer, sans désirer.
Devenir patient, doux, attentif, et premièrement envers soi-même » (*DLA,* pp. 217-219).

On voit dans ce texte l'importance que Cesbron accorde à l'accueil d'autrui :

> « " J'aime, donc je suis. " Voilà mon commencement et ma fin – et tant pis pour Descartes! Dès que je cesse d'aimer, je cesse d'être : je *parais* seulement; je deviens double; j'en souffre, j'en suis humilié. La paix naît de l'unité profonde, et l'unité naît de l'amour » (*JSD,* p. 11).

Ailleurs, il découvre dans la charité le seul remède à son angoisse de la fuite du temps, et il est caractéristique que, dans cet essai, il reprenne à son compte une parole qu'il avait prêtée à l'archevêque de Paris sur son lit de mort [3] :

> « Ne laisse passer à portée de ton amour ni un seul visage, ni un seul regard sans lui donner ce dont toi seul, peut-être, pouvais lui faire présent. Un mot, un sourire, une porte ouverte – cela suffit parfois. Aider, bien sûr; aimer, surtout. Se prêter au monde, mais se donner aux autres. La seule façon d'arrêter le temps? – NE PLUS LAISSER PASSER UN SEUL INSTANT SANS LE MARQUER DE SON AMOUR. C'est le secret... » (1956, *LB,* pp. 71-72).

Cependant, pour absolu que soit à ses yeux cet amour d'autrui, Gilbert Cesbron reconnaît qu'il comporte des étapes et qu'il peut se découvrir progressivement. De même que le héros d'*Entre chiens et loups* faisait en cachette des exercices pour s'apprendre peu à peu le courage; de même, on pourrait imaginer toute une pédagogie de l'amour d'autrui, une manière progressive d'entrer dans ce jeu redoutable. Nous avons déjà cité, en évoquant les activités philanthropiques de ses dernières années, cet « escalier de la sainteté » à cinq marches qui, selon Cesbron, décrit les étapes d'un amour de plus en plus prégnant. Méthodique et

3. « Ne pas laisser passer une seule minute! Et ne pas laisser passer un seul être sans l'aimer » (*SVE,* p. 228).

exigeant avec lui-même, il gravit l'un après l'autre ces degrés, en prenant des engagements de plus en plus difficiles : visiteur d'hôpital (et pour finir dans le « pavillon des cancéreux »), visiteur de prison...

L'esprit d'enfance

Cette aspiration à une vie transparente à Dieu et accueillante à autrui, c'est ce que Gilbert Cesbron appelle parfois l'esprit d'enfance :

> « L'esprit d'enfance, c'est l'amour fou, la confiance sans limites des enfants. Aimer Dieu et les autres d'un amour fou et avec une confiance absolue, comme les enfants aiment leurs parents... C'est cela, le royaume de Dieu, dont, chrétiens ou pas, nous portons tous la nostalgie » (*CQAV,* p. 55).

On le sait, le romancier aimait prendre pour personnages des enfants, dont il excellait à dépeindre les sentiments et les pensées. Mais il ne cède pas pour autant à une sorte d'idolâtrie de l'enfance, et – pour être également père de famille! – il n'ignore pas les défauts et les limites de ses jeunes modèles. En reprenant un thème cher au curé de campagne de Bernanos, il s'applique à montrer qu'en effet, ce qui fait la grâce de l'enfance, ce sont moins ses qualités intrinsèques, que les soins et l'affection dont elle est l'objet. A tout prendre, ce sont surtout les parents, avec leur amour et leur confiance, qui suscitent ce doux miracle! Mais précisément, devenir chrétien n'est-ce pas se découvrir enfant du Père du ciel et retrouver la même assurance tendre et sereine? Et dans cette lumière, la prière du Notre Père – même réduite à ces deux mots – devient à proprement parler la respiration de l'âme : avoir l'esprit d'enfance pour un chrétien, c'est avant tout chercher à prier et à vivre en enfant du Père. Cette affirmation est clairement énoncée dans une page restée inédite :

> « Esprit d'Enfance : il ne s'agit pas d'être un enfant, mais de se savoir à jamais l'enfant de Quelqu'un. »

Ainsi comprise, la foi devient affectueuse dépendance à l'égard d'une infinie tendresse : à l'image, en effet, de la relation entre les enfants et leurs parents, « car, note Cesbron, ce que nous demandons à nos enfants, c'est précisément de nous faire la grâce de tout recevoir de nous ». Le doux miracle de la paternité ou de la maternité humaine, c'est de rencontrer « l'amour à l'état pur, sans échange, sans donnant donnant » (*LB,* p. 31). C'est en ce sens – et seulement en ce sens – que le chrétien est appelé à être un enfant. Au reste, Cesbron se refuse à bêtifier en sacralisant l'enfance. L'esprit d'enfance chanté par l'Évangile est fait de confiance et d'abandon, vertus éminemment difficiles!

> « Il n'est écrit nulle part dans l'Évangile, remarque-t-il dans son *Journal sans date,* que les enfants ont " du mérite " à être tels qu'ils sont, proprement ivres de confiance et d'amour. Il est seulement prescrit de leur ressembler » (*UMEM,* p. 102).

Leur ressembler, essayer de retrouver leur confiance sans arrière-pensée, c'est vivre pleinement « l'aujourd'hui de Dieu », sans inquiétude pour l'avenir ni rancœur à l'égard du passé. Dans un texte consacré à la poésie, Cesbron note que précisément, c'est le « privilège des enfants et des saints » de « vivre à l'instant l'instant » (*MO,* p. 188). Ce qu'exprime encore la demande du Notre Père : « Donne-nous aujourd'hui notre pain de ce jour. » Autrement dit (selon une exégèse qu'affectionnait Cesbron : A chaque jour suffit sa quête. Il sera temps demain de demander à nouveau!) Il semble que, pour sa part, il n'ait découvert que progressivement cette paix qui illuminera ses dernières années, comme en font foi ses essais posthumes : *Passé un certain âge* (1980) et *La regarder en face* (1982). Cependant, il écrivait déjà, bien des années auparavant :

> « Un enfant que personne n'aime cesse d'être un enfant; il n'est qu'une petite grande personne sans défense. L'esprit d'Enfance consiste d'abord à se savoir de toute certitude aimé. Nous savoir aimés de Dieu *quoi qu'il arrive* devrait nous épargner le détestable esprit de concurrence, " moteur de tout progrès " sauf de l'essentiel : celui de l'âme; devrait aussi nous préserver de cette bassesse, l'Envie. Il n'y a que dans les fables, c'est-à-dire dans les inventions des hommes, que les fleurs d'un jardin se jalousent et c'est un travers inconnu des animaux sauvages, sinon des domestiques que nous avons déformés à notre image. Également et sûrement aimés de Dieu, il nous faut imiter la *tranquillité* des autres créatures » (*JSD,* p. 228).

Aimer comme on respire (JSD, *p. 83)*

Par toute sa vie et par tout son enseignement, le Christ affirme qu'il n'y a pas deux amours mais un seul : on ne peut aimer Dieu sans aimer autrui. Ce thème connaît d'innombrables harmoniques dans l'Évangile et les épîtres de saint Jean, et on pourrait y voir un résumé de toute la pensée chrétienne. D'emblée, la découverte de la foi s'est donc accompagnée, pour Cesbron, d'une aspiration à une vie de service. On se souvient de la façon dont il s'est dépensé au Secours national puis au Secours catholique, du courage avec lequel il a accompli son apostolat de visiteur de prison et d'hôpital dans ses dernières années. Toutes ces militances apparaissent en filigrane dans son œuvre romanesque, et à plusieurs reprises, il affirme qu'il y a là un véritable pilier de sa foi :

> « J'ai plusieurs fois expérimenté en période de sécheresse d'âme que, pour aimer le Seigneur, il fallait commencer par aimer de nouveau les autres. Il n'existe aucun raccourci » (*JSD,* p. 159).

Ailleurs, il exprime cette conviction, non en termes d'expérience, mais dans le langage de la théologie, voire de la mystique. Sensible, comme tant d'autres, au symbolisme de la Croix, il y voit le signe de la réconciliation de l'amour de Dieu et du service d'autrui :

> « Croix. Rencontre du vertical et de l'horizontal : de l'amour des hommes pour Dieu (et de Dieu pour les hommes) avec l'amour des humains entre eux. A la croisée : le Christ » (*JSD II,* p. 218).

Précisément, on sait que, dans les débats entre croyants au lendemain du Concile Vatican II, on parlait volontiers d'horizontalisme pour désigner un dévouement parfois héroïque à autrui mais sans référence à l'Absolu et de verticalisme à propos d'une relation à Dieu qui ne serait pas assortie d'un service du « prochain ». Aux yeux de Gilbert Cesbron, une relation vécue à la personne de Jésus-Christ met le croyant à l'abri de ces deux déviations :

> « Le Christ est le seul être qu'on puisse sans cesse regarder sans tourner le dos aux autres. » (*LB,* p. 172).

Pour Gilbert Cesbron – et nous avons vu que c'est tout à la fois la règle de son action et de son œuvre – l'adhésion au Christ ne peut être une fuite du monde.

> « A la suite de Chateaubriand, écrit-il dans un de ses premiers essais, quelques millions de René n'ont trouvé Dieu que parmi les ruines, la solitude et le silence. Majestueux colloque sous un ciel d'orage. Nous autres Le sentons plus proche dans le tumulte surpeuplé des villes, dans ses taudis ou ses palais pourris, dans ses bâtisses neuves et déjà condamnées : usines, HLM, hôpitaux. Oui, c'est au cœur d'un monde invivable qu'Il vit » (*LB,* p. 213).

Mais sans doute, cette clairvoyance n'est-elle pas naturelle et nécessite-t-elle une purification. Sans doute aussi faut-il prier pour l'obtenir comme une grâce et demander pardon de ses distractions et de ses omissions à cet égard :

> « Pitié pour nous qui, chaque jour, traversons sans un coup d'œil, sans un battement de cœur, les forêts de pierre où meurent des hommes, des femmes et des enfants » (*LB,* p. 18).

L'action militante ou « caritative » n'est donc pas une annexe de la foi (aimer Dieu et son prochain), mais à proprement parler son mode d'expression. Il ne s'agit pas de « sauver son âme », comme on chantait jadis, au prix d'actions généreuses, mais d'exprimer par son agir que l'on participe à la vie du Dieu d'amour. « Il ne faut pas aimer les autres " pour l'amour de Dieu ", mais *dans* l'amour de Dieu » (*UDA,* p. 94), écrit Cesbron dans son tout dernier livre. Et il note de même, dans un de ses premiers essais : « J'aime, donc je suis. » Aimer, c'est donc participer à la vie même de Dieu :

> « La signature de Dieu, ce n'est ni la puissance ni le génie, ni même la justice : c'est la tendresse. Et rien n'empêche qu'elle soit aussi notre signature » (*BR,* p. 194).

Dans une pièce rose de Jean Anouilh, une dévote richissime demande à des acteurs professionnels de tenir le rôle du pauvre, du malade, de l'incrédule qu'elle va soigner, visiter, évangéliser... sans surprise, mais pour le plus grand bien de sa vie spirituelle! Le personnage est évidemment caricatural, mais comme toute caricature, cette charge véhicule une certaine vérité humaine et débusque effectivement une tendance bien réelle de la vie religieuse au début du siècle. En réaction contre ce modèle un peu désincarné, l'Action catholique, surtout après la Deuxième Guerre mondiale, avait l'ambition d'« agir sur les structures » et de christianiser non seulement les individus mais aussi le milieu où ils vivaient. Bien qu'il n'ait jamais fait partie de quelque mouvement d'Action catholique que ce soit et que cet aspect de l'Église de son temps soit fort peu présent dans ses romans, Cesbron semble avoir été influencé par cette spiritualité (probablement par conversation, lecture, voire sermon interposés!) La suite du texte que nous citions tout à l'heure ne serait sans doute pas désavouée par un militant ou un aumônier d'ACO, de JEC, ou du MFR [4] :

> « Ce n'est pas à l'arrière-garde que se protège l'essentiel, mais au-delà même des lignes adversaires. Marcher en regardant devant soi et, si possible, d'un pas en avance sur les autres. Il s'agit d'arriver à temps pour baptiser ce monde futur ou, plus simplement, le rendre vivable en mêlant à la pâte cet irremplaçable levain : respect de chaque individu, soumission des puissants aux pauvres, vanité de l'or et de la gloire, exil de la violence, oubli de soi – l'Évangile. » (*LB*, pp. 208-209).

Il est clair, cependant, qu'en matière d'action concrète, un engagement de type politique ou syndical est moins efficace, aux yeux de Cesbron, que des contacts individuels, des gestes minimes et répétés, tout ce qu'il désigne souvent sous le terme de « moyens pauvres » :

> « Nous autres, orphelins rêveurs, piétaille du Christ, nous pensons stupidement que toute misère est, de quelque façon, remédiable. Nous respectons, nous réclamons une stratégie et une tactique anti-misère; mais nous pensons que cette guerre n'avancera pas sans nos patrouilles, nos avant-postes en enfants perdus, nos arrière-gardes sacrifiées.
> (...) Les antibiotiques, les plans quinquennaux, les grands commis, nous y croyons, mais nous croyons également,

4. Action catholique ouvrière, Jeunesse étudiante chrétienne, Mouvement familial rural : quelques mouvements d'Action catholique de l'époque.

sans orgueil aucun, qu'une larme, un regard, un sourire pèsent aussi. Les hommes écrivent la formule et Dieu l'affecte d'indices » (*LB,* pp. 236-237).

On pourrait retrouver nombre des héros romanesques de Cesbron dans un tel portrait : enfants perdus, arrière-gardes sacrifiées, le prêtre ouvrier des *Saints vont en enfer,* le militant syndicaliste de *Vous verrez le ciel ouvert,* l'éducateur de rue de *Chiens perdus sans collier,* le non-violent en plein conflit algérien *(Entre chiens et loups) !* D'une manière générale tous ceux, nous l'avons dit, qui ont choisi de planter leur témoignage dans les pires conditions!

Chez Cesbron, cette méfiance à l'égard de l'action sur les structures ne procède pas, comme chez tant de ses coreligionnaires, d'une peur panique de la politique. En analysant ses essais, nous avons vu qu'il n'hésite pas à prendre parti dans ce domaine, mais toujours avec une grande liberté de ton et sans jamais devenir le chantre d'un parti politique déterminé. Aussi, s'il lui arrive parfois de rêver d'un « corps de doctrine économique, politique et sociale entièrement fidèle à l'Évangile » (inédit), il se garde bien de confondre cette aspiration avec tel ou tel programme politique. A ses yeux, l'exigence évangélique doit être le sel et l'absolu de l'action sociale et politique sans se diluer dans les inévitables compromissions de la tactique politicienne. Par tempérament autant que par conviction religieuse, il se montre – à la différence d'un Mauriac – rétif à tout ralliement politique inconditionnel. A ses yeux, devenir le militant d'un parti, ce serait subordonner son idéal aux contingences de l'action, au lieu de référer son action à son idéal.

Cette façon d'articuler l'engagement politique ou social et l'idéal évangélique n'est pas sans lien avec son souci d'être un témoin et non un partisan. C'est dans un de ses premiers essais qu'il distinguait ces deux attitudes, en se prononçant en faveur de la libération de l'objecteur de conscience Henri Martin – libération que le parti communiste réclamait également, non sans arrière-pensée tacticienne. Pour lui, c'est précisément parce qu'il se réfère à un absolu que le chrétien devrait échapper aux pièges de l'esprit partisan :

> « Ce qui définit le " partisan " : ce besoin vital de croire intégralement en quelqu'un ou en quelque chose (et la moindre faille ébranlerait l'édifice entier), le vrai chrétien y échappe grâce à Dieu puisque c'est en Lui seul qu'il a placé sa croyance totale.
> Ainsi devrait-il présenter toutes les qualités d'un arbitre : compréhension, désintéressement, pondération » (*LB*, p. 218).

Arbitre, le chrétien doit s'efforcer de le demeurer dans toutes ses démarches. Aussi Cesbron se montre-t-il très vigilant à l'égard des comportements qui, sous couvert des meilleures intentions, tendraient à réintroduire subrepticement l'esprit partisan dans la démarche religieuse. C'est ainsi qu'il note dans une page inédite, dont on appréciera la pureté de ton :

> « On ne devrait jamais prier POUR lorsque c'est aussi prier CONTRE : par exemple, en novembre 1956, pour les Hongrois contre les Russes – mais prier pour les deux à la fois sincèrement côte à côte toute la vie, peut-être un jour face à face » (inédit).

Parce qu'il s'efforce de convertir son action et ses attitudes à un idéal, parce qu'il ne saurait par conséquent confondre l'ordre des moyens et celui des fins (le politique et le religieux), le chrétien ne peut manquer d'être un « homme partagé » (*LB*, p. 45), en route. Telle est, à titre personnel, la position de Gilbert Cesbron, mais il conçoit que d'autres croyants acceptent de militer sur le terrain politique. Toutefois, au nom du même idéal évangélique, ces engagements contingents pourront être divers. Une quinzaine d'années avant que l'épiscopat français n'admette cette idée (et non sans réticence), Cesbron clame donc la nécessité du pluralisme politique des chrétiens [5].

> « Le jour où des chrétiens authentiques militeront dans tous les partis, le christianisme n'aura rien à craindre et, contrairement à l'épouvantail qu'on nous brandit, les querelles actuelles n'auront plus cours. Le jour où jusqu'à leur sang même sera devenu chrétien, pourquoi se grouperaient-ils en un parti? Laissons à leurs ghettos les partisans divers : ils sont des orphelins et nous sommes des frères. " Tout ce qui n'est pas contre nous est avec nous [6]... " » (*LB,* p. 218).

Par conséquent, estime Cesbron, si le chrétien est parfois amené à lutter contre l'injustice, à dénoncer voire à châtier l'injuste, il doit être vigilant pour ne pas prendre plaisir à ce rôle. Il est probable même que cette fonction ne peut s'exercer selon la tendresse de l'Évangile sans être aussi onéreuse à celui qui l'exerce qu'à celui qui la subit :

> « Un chrétien n'use jamais que d'armes à double tranchant : en blessant, il se blesse » (*LB,* p. 163).
>
> « Un vrai chrétien souffre plus que sa victime de sa propre méchanceté. Un vrai chrétien est semblable à l'abeille qui, si elle laisse son dard dans la plaie qu'elle a faite, en meurt » (*JSD,* p. 187).

Le secret royal

C'est à la lumière de son refus de l'esprit partisan, de son souci de distinguer l'absolu et le relatif qu'il faut interpréter une formule de Gilbert Cesbron qui pourrait prêter à confusion.

---

5. Le texte de l'assemblée plénière de l'épiscopat français qui prend acte du « pluralisme politique inconfortable et nécessaire » des fidèles est de novembre 1972 (*Pour une pratique chrétienne de la politique* – Éditions du Centurion, 1972, 64 p.) L'essai de Cesbron est paru en 1957.
6. Marc 9,40.

« Le secret royal » (*LB,* p. 256) qui, selon lui, doit orienter tout l'agir chrétien est à la mesure – à la fois humble et vertigineuse – de sa foi. Ce secret, le voici : « Que chacun d'entre nous, avant chaque décision, se demande : QUE FERAIT LE CHRIST À MA PLACE? » (*LB,* p. 256). Cette idée était souvent reprise à l'époque, dans les milieux d'Action catholique, dont, nous l'avons dit, Cesbron n'a subi qu'indirectement l'influence. De fait, elle retentit en lui selon des harmoniques qui lui sont personnelles – et sans doute dans une perspective plus mystique que celle de l'Action catholique des années 50, très soucieuse d'« agir sur les structures ».

Cesbron a bien conscience qu'il ne s'agit pas d'une recette : l'Évangile n'est pas une encyclopédie ou un manuel de savoir-vivre! On ne le consultera pas comme tel, mais à la recherche d'une présence. Se demander : « Que ferait le Christ à ma place? », c'est surtout se mettre en référence à l'Absolu, prendre conscience de sa dimension surnaturelle, faire communiquer prière et action, vivre sa foi au plus concret de l'existence :

> « Il est permis de penser; il nous est impossible de ne pas croire, qu'il suffit de se demander sincèrement : " Que ferait-il à ma place? " *pour qu'Il s'y mette.* C'est même la définition du Saint Esprit » (*LB,* p. 257).

Le Christ ne nous a-t-il pas promis de ne pas nous laisser orphelins [7]? Piètre chrétien, par conséquent, « imposteur ou somnambule », note Cesbron, le croyant qui n'est pas convaincu « jusqu'au fond du ventre » de l'action présente du Christ en lui et autour de lui.

A tous ceux qui, de bonne foi, prendraient pour de l'orgueil cette règle de vie, Cesbron assure que c'est tout le contraire : c'est une espérance fragile qui nous est confiée. Lorsque le prophète Élie monte au sommet de l'Horeb, ce n'est pas l'ouragan déchaîné

7. Jean 14,14.

qui lui porte la parole de Dieu, mais le souffle presque imperceptible d'une brise légère [8]. De même,

> « Se demander : QUE FERAIT LE CHRIST À MA PLACE? ce n'est pas une formule magique; et tous les chrétiens l'appliqueraient-ils *sans complaisance,* que le siècle ne changerait pas de lumière d'un seul coup. Le Royaume de Dieu ne s'installe pas en une matinée, comme un cirque ambulant sur la place du marché. Ils parviendraient à peine à faire contrepoids au mal dans le monde : la balance étonnée pencherait en grinçant de l'autre côté. La grande Mission serait commencée » (*LB,* p. 258).

---

8. 1er livre des Rois 19,9-13.

CHAPITRE 6

LE LEVIER D'ARCHIMÈDE

En voyant Gilbert Cesbron témoigner de sa foi, on pressent que celle-ci n'était pas seulement de l'ordre d'une conviction intellectuelle. Relation avec un vivant, elle suppose rencontre et échange. En d'autres termes, chrétien convaincu, Gilbert Cesbron ne se contente pas de réfléchir à propos de sa foi. Il sait prendre le temps de la prière. Il le confie avec la plus grande netteté dans l'interview qu'il a accordée à Maurice Chavardès :

> « Tous les matins, je lis un passage de l'Évangile et un fragment de la Bible. Je me récite les Béatitudes; je ne voudrais pas commencer autrement la journée. Et tous les matins, j'ai un face-à-face avec la Sainte Face. C'est écrasant et c'est exaltant. Je ne pourrais pas mener ma vie d'homme public, d'écrivain, d'homme responsable, d'homme qui essaie d'avoir des activités bénévoles, d'aider les autres – non, je ne pourrais pas la mener un seul jour dans cette folie frivole et pathétique qu'est Paris, si je ne prenais pas tous les matins ce grand bain de Dieu » (*CQAV,* p. 39).

Ce faisant, il n'a pas le sentiment de s'évader, de fuir les autres ou de se fuir lui-même, mais au contraire de s'accorder avec sa vérité la plus profonde. Dans le premier volume de son *Journal sans date,* il a cette belle image – qui est en même temps une confidence précieuse :

> « Au bout de chacune de mes pensées se trouve Dieu, comme l'océan à l'extrémité de tous les chemins de la terre » (*JSD,* p. 240).

Toutefois, pour Cesbron comme pour tout croyant, la prière ne va pas « de soi », n'est pas toujours certitude radieuse, mais souvent effort, recherche laborieuse. La première prière, note-t-il dans un inédit, c'est : « Apprends-nous à prier. » Dans le *Journal d'un curé de campagne,* le robuste curé de Torcy (qui ressemble comme un frère à Bernanos lui-même) conseille à son jeune confrère de s'appliquer à la prière comme un écolier à ses devoirs, « en tirant la langue ». De même, reconnaît Cesbron, « parfois, je ressasse des Ave Maria comme on bat le briquet : l'étincelle finira bien par jaillir... » (*JSD II,* p. 61). A la suite de Jean de la Croix, la plupart des priants connaissent ainsi des moments de sécheresse, voire de dégoût à l'égard de l'oraison. Dans la pièce qu'il a consacrée à Thérèse de Lisieux, Gilbert Cesbron évoque – comme le fait du reste son héroïne dans ses manuscrits autobiographiques – cette « nuit mystique » où se débat parfois le croyant, accablé par le silence de Dieu, le sentiment que Dieu ne l'écoute pas et peut-être n'existe pas.

Cependant, si la prière est contact avec Dieu, elle est bien au-delà du sentiment et du sensible! A une jeune novice qui s'inquiète de ne pas ressentir la présence de Dieu pendant ses prières, Thérèse Martin explique affectueusement : « Petite Sœur, dans les ténèbres, qu'importe que sa présence ne vous soit pas sensible pourvu que votre amour lui soit sensible! » (*BS,* p. 223). Cheminement, recherche plutôt que possession paisible, la prière du croyant prend Dieu au sérieux comme Il nous prend au sérieux lui-même. Impossible de se payer de mots ou de se contenter d'une parole décorative! Celui qui prie s'engage de tout son être et se défie d'un discours qui ne soit que paroles gratuites. Gilbert Cesbron l'exprime non sans humour dans une page restée inédite :

« Et faites que tout cela ne soit pas que des paroles, amen. » Mais il se ravisa : « Ni cette dernière phrase », ajouta-t-il.

Par tout ce que nous savons de la spiritualité de Gilbert Cesbron, on imagine volontiers que pour être un cœur-à-cœur avec Dieu, la prière n'est nullement, à ses yeux, une fuite à l'égard d'autrui :

> « L'homme qui prie est semblable au berger surveillant son troupeau. Même s'il ne les passe pas en revue, il sent d'instinct que tous ses soucis et toutes ses amours sont présents autour de lui » (*JSD,* p. 145).

Comme beaucoup de chrétiens de son temps – par exemple Mgr Helder Camara, l'être vivant qu'il admirait le plus pour son combat non violent en faveur des plus défavorisés *(CQAV, passim)* – Gilbert Cesbron estime qu'il n'y a pas d'opposition entre la prière et l'action :

> « Dans un siècle qui confond *Charité* et *Bonté,* il nous faut continuer d'affirmer ce scandale que le Dévouement est peu sans la Prière et que, si l'on doit établir entre eux quelque préséance, la Prière vient d'abord » (*LB,* p. 43).

On trouverait, dans le même essai, un argument à l'appui de cette dernière affirmation. Soulignant le caractère radical de l'Évangile et l'impossibilité de « croire à moitié », Cesbron affirme :

> « Il faut affronter telles quelles un certain nombre de vérités scandaleuses dont celle-ci justement : que la prière est plus puissante que l'action, et les couvents aussi utiles que les dispensaires pour la raison simple que l'âme passe avant le corps. Il nous est bon à tous, morts et vivants, chrétiens ou non, il nous est bon à tous, indistinctement les enfants de Dieu, que moines et moniales, tandis que

nous dormons encore, prient dans le froid et la solitude. Il nous est bon à tous, cardinaux ou athées, que des hommes et des femmes remplissent goutte à goutte à l'écart, cette vaste citerne d'eau vive dont dépend aussi ce que nous appelons notre salut et qui sera notre joie, de considérer *ensemble* le Christ dans toute sa gloire, sa justice et sa vérité. Il nous est bon, tandis que nous nous affairons et alignons nos chiffres : tandis que nous tombons dans ce piège subtil du " devoir accompli ", que des hommes et des femmes rétablissent en silence l'équilibre d'un monde dont ils ne se sont séparés que pour mieux l'embrasser tout entier, sans milieux, classes, ni nations : sans ces limites fragiles que les hommes ont imposées à la Création. Il nous est bon qu'ils se taisent tandis que nous discourons, qu'ils obéissent tandis que nous croyons commander, et que la cloche grave des monastères sonne plus haut, à notre insu, que le timbre de nos téléphones » (*LB,* pp. 45-46).

On ne saurait affirmer plus nettement la nécessité de la prière et de la vie contemplative. Si cette dernière constitue aux yeux de Cesbron une voie particulière, « plus secrète, plus exigeante, plus nue » peut-être que celle du prêtre et du militant laïc, elle en est totalement complémentaire.

On s'en souvient, Gilbert Cesbron avait consacré une de ses premières pièces de théâtre – sinon la première – à Thérèse de Lisieux : *Briser la statue.* A ses yeux, cette petite jeune fille qui entre au Carmel à quinze ans et y meurt, dix ans plus tard, trace une trajectoire au moins aussi importante que celle d'un bâtisseur d'empire. Il pense probablement à la petite Thérèse – proclamée patronne des missions bien qu'elle n'ait jamais quitté les murs de son couvent – lorsqu'il écrit :

« Le levier d'Archimède existe : c'est la prière et son point d'appui : Dieu. L'un des aspects de la *folie* chrétienne est

> la démesure entre les buts et les moyens. Un saint ramasse une épingle pour sauver un peuple » (*JSD,* p. 141).

La prière, elle aussi, peut soulever le monde, parce qu'elle est un acte d'amour – cet amour qui, comme dit Dante à la dernière ligne de la *Divine Comédie,* « met en mouvement le monde et les étoiles ».

Nous remarquions plus haut que la spiritualité de Cesbron est davantage centrée sur le Christ que sur le Père ou l'Esprit. On ne s'étonnera donc pas qu'il en soit de même de sa prière. En familier des Écritures, il remarque à ce sujet :

> « Gabriel et Élisabeth nous ont fourni le texte de la prière à Marie et le Christ lui-même le texte de celle au Père. Mais de prière au Christ, il n'en existe aucune autre que celle qui jaillit de chacune de nos âmes en toute circonstance. L'amour seul l'invente chaque fois » (*JSD,* p. 131).

Ce dialogue quasi permanent avec le Christ modifie, on s'en doute, le regard que le croyant porte sur le monde. « Penser et même simplement observer d'une certaine manière, c'est déjà prier », note Cesbron dans un texte inédit. Sentiment ou recherche d'une présence, la prière devient inévitablement lecture de signification. Gilbert Cesbron avait, un temps, envisagé d'écrire un essai sur la prière qui se serait intitulé *La troisième dimension.* A propos des romans et des films de « Série noire » qui commençaient à faire florès dans les années 50, il notait dans un de ses premiers essais :

> « Chrétiens jetés dans ce monde de proie, nous jouissons peut-être, comme les infirmes, d'un sens plus subtil : celui de " flairer " partout le Christ et, douloureusement, son absence. Toute rencontre avec des êtres qui vivent comme si le Christ n'avait jamais existé nous serre le cœur, nous porte au bord du désespoir. Êtres de chair ou de fiction, et que nous voyons vivre aussi bien dans la ville que sur

ses écrans. Vivre comme si le Christ n'était pas venu : comme s'il était mort en vain... Oui, quelle impuissance! quelle tentation du désespoir! Voir agoniser un enfant parce que la pharmacie est fermée ou le médecin en vacances – *alors que le remède existe...* » (*SAS,* pp. 64-65).

Dans un texte plus récent, il remarque de même :

« Christ. Spectacle désespérant de tous ces petits et grands rouages qui, chacun à sa vitesse, tournent fous alors qu'une seule roue suffirait à les engrener tous » (*JSD,* p. 152).

ANTHOLOGIE DE PRIÈRES SPONTANÉES

Pour compléter ces aperçus forcément trop théoriques sur la vie de prière de Gilbert Cesbron, nous rassemblons, au terme de ce chapitre, une anthologie de prières spontanées qu'on peut glaner tout au long de son œuvre d'essayiste. Dans les dix-sept essais ou les cinq volumes du *Journal sans date,* les formules de prière abondent. Elles sont souvent brèves et ardentes – comme l'était, dit-on, la prière d'Albert Schweitzer. Selon la distinction traditionnelle, on peut les ranger en prières de louange, de demande (pour soi-même et les siens) et d'intercession (pour autrui) – avec, semble-t-il, une certaine prédominance de ces dernières :

> « Faites-vous connaître, Seigneur, à ceux qui vous ignorent et sans cesse reconnaître par les autres » (*BR,* p. 22).
>
> « Mon Dieu, ayez pitié de ceux qui s'aiment – et davantage encore de ceux qui ne s'aiment pas » (*JSD,* p. 120).
>
> « Seigneur, remplissez la nuit des aveugles! » (*JSD,* p. 131).
>
> « Seigneur, aie pitié de tous ceux qui croient qu'il est facile de vivre » (*BR,* p. 188).

De même, dans sa prière de louange, Cesbron exprime toute sa foi, en même temps que sa compassion à l'égard de toutes les souffrances des hommes :

« Mon Dieu, soyez béni pour toute la joie que vous nous donnez; et montrez-nous, un jour, l'envers de toute la douleur que vous nous laissez subir, *amen* » (*LB*, p. 122).

Au reste, ses prières de « demande », bien loin d'être intéressées, aspirent à rendre le témoin plus transparent et plus donné :

« Seigneur, aiguisez-nous sans cesse! » (*JSD*, p. 157).

« Seigneur, embauchez-moi avant la onzième heure – et faites que je m'en réjouisse! » (*JSD*, p. 167).

« Seigneur, ne me donnez jamais qu'un rempart transparent » (*JSD*, p. 186).

« Seigneur, puisque je ne fais pas partie de ces Petits et de ces Pauvres que vous chérissez, donnez-moi la force, du moins, de me mettre à leur service » (*JSD*, p. 250).

« Seigneur, apprenez-nous à aimer notre semblable dans la mesure même où il nous est dissemblable » (*BR*, p. 38).

« Seigneur, délivrez-nous de l'impatience : de sorte que notre temps soit déjà de la même étoffe que votre éternité » (*BR*, p. 46).

« Seigneur, faites que ce soit une vraie journée, pas seulement un jour de plus » (*JSD II*, p. 58).

De même qu'il tend vers son Seigneur malgré l'épaisseur des mystères, le priant est convaincu qu'il est aimé malgré ses fautes. Et si la prière est parfois demande de pardon, elle est tout ensemble chemin de conversion :

« Seigneur, pardonnez-moi : je suis inhabitable » (*JSD*, p. 207).

« Seigneur, c'est moi qui me suis endormi au Jardin des Oliviers, moi qui me suis enfui quand ils sont venus vous arrêter avec des bâtons et des lanternes, et celui qui vous

> a renié dans la cour du grand prêtre, c'est moi » (*JSD II*, p. 86).
>
> « Jésus, je ne m'aime plus. Aime-moi pour deux! » (*UMEM*, p. 186).

On s'en doute, Cesbron récitait et méditait quotidiennement la prière que le Christ lui-même apprit à ses disciples, le Notre Père. On ne s'étonnera donc pas de trouver, sous sa plume, de nombreux commentaires et variations sur cette prière dont on dit souvent qu'il faut toute une vie pour se l'approprier :

> « Notre Père qui es aux cieux, que ton nom soit sanctifié parce qu'il signifie Amour; que ton règne vienne parce qu'il sera celui de l'Amour; que ta volonté soit faite, si insoutenable que nous en paraissent les méandres, parce que, de toute éternité, elle n'est dictée que par l'Amour » (inédit).

Ailleurs, ce sont surtout les demandes finales de la prière, semble-t-il, qui trouvent écho en lui :

> « " Donnez-nous aujourd'hui notre pain quotidien. " Il n'y a aucun pléonasme. Surtout ne nous donnez aucune provision! » (*JSD*, p. 229).
>
> « Pardonnez-nous nos offenses comme nous pardonnons à ceux qui nous ont offensés.
> ... Et pardonnez-nous nos offenses comme nous pardonnons à ceux que *nous avons offensés* » (*JSD*, p. 195).
>
> « Mais délivrez-nous du Mal. – Le Ciel c'est le lieu où l'on est délivré du Mal » (*BR*, p. 29).
>
> « Délivrez-nous du Mal
> Mais pas de la Douleur!
> Et votre main, Seigneur,
> qu'elle soit de velours
> mais dans un gant de fer! » (*JSD*, p. 252).

CHAPITRE 7

UN ENFANT QUI RESSEMBLE A SA MÈRE

La croix et la bannière

Après avoir évoqué cette relation exigeante et passionnée de Gilbert Cesbron avec le Christ, il convient d'analyser ses rapports avec l'Église. Ce qui frappe, tout d'abord, dans tous les textes où il aborde ce sujet, c'est à la fois la tendresse et la liberté de ton. Ainsi peut-on lire, à quelques pages de distance, dans le même ouvrage, cette profession de foi affectueuse et cette critique non déguisée :

> « Un enfant qui ressemble à sa mère, et cette ressemblance fonde leur joie commune – tel est le christianisme » (*BR,* p. 145).
>
> « Église. Pour que la pâte lève, il ne suffit pas que le levain soit de bonne qualité, encore faut-il qu'il soit dans la pâte » (*BR,* p. 61).

Pour être catholique convaincu, Gilbert Cesbron n'entend pas devenir clérical pour autant, et abdiquer une once de sa liberté de conscience. En l'occurrence, ni le dogme ni la discipline de l'Église ne constituent à ses yeux un absolu. Rien de commun, pour lui, entre ces décisions de circonstance et les essentielles interpellations de l'Évangile. La confusion entre des domaines aussi différents par nature ne peut conduire qu'à des aberrations :

> « Donner toujours raison à l'Église est une partisanerie parmi d'autres, une fausse fidélité qui a conduit des chrétiens à donner tort au Christ. La docilité engendre la tyrannie » (*JSD II,* p. 106).

Ce qu'il exprime ailleurs dans cette image savoureuse :

> « La tentation de bien des catholiques est de confondre la croix et la bannière » (*BR,* p. 27).

Rien de plus opposé à la foi de Cesbron que le triomphalisme, cette façon outrancière, ostentatoire sinon provocante d'affirmer ses convictions. En une formule aux harmoniques pascaliennes, Gilbert Cesbron affirme que le « christianisme peut s'affirmer avec superbe, mais ne se trouve qu'humblement » (*JSD II,* p. 31). Autrement dit : l'essentiel (c'est-à-dire la relation à Dieu de chaque croyant) est sans commune mesure avec les pompes et les ors des cérémonies ou avec les proclamations fracassantes. Et peut-être ces dernières sont-elles même davantage des remparts que des chemins pour la foi :

> « L'outrance des croyants comme celle des incroyants donne seulement la mesure de la fragilité de leurs convictions » (*JSD II,* p. 19).

Ce refus du triomphalisme et du cléricalisme amène Gilbert Cesbron à une attitude plus critique que la majorité des catholiques convaincus à l'égard du Pape :

> « L'Église est un navire dont le capitaine ne se trouve pas à bord. Il n'y a qu'un pilote » (*BR,* p. 210).

Attitude critique, mais attitude humble, aussi, car prendre pour référence un absolu, c'est accepter de se laisser juger par lui. Faire de l'Église la servante de l'Évangile, et non un groupe de pression assuré de sa vérité, c'est accepter de la reconnaître souvent (et de se reconnaître soi-même) infidèle à sa mission, en état de péché :

> « A ceux qui récusent l'Évangile à cause des croisades, des guerres de religion, de l'Inquisition, de Galilée, etc., il faut répondre non sans honte, que " christianisme " vient de Christ et non de Chrétiens » (*BR,* p. 61).

C'est précisément au nom du Christ que Cesbron apostrophe parfois son Église, mais on remarquera cependant que cette interpellation n'est pas gratuite, c'est-à-dire qu'elle n'en reste jamais à un constat désenchanté ou agressif. Elle propose des solutions, une espérance et de plus, l'auteur ne se désolidarise pas des déficiences et des limites qu'il dénonce. Ce n'est pas pour jouer les Cassandre ou par masochisme qu'il évoque ces aspects décevants, mais dans un réel souci missionnaire :

> « Il m'a été donné, remarque-t-il, une lucidité cruelle en matière de christianisme. Non seulement pour jauger sans cesse l'écart entre ma vie et l'Évangile; mais aussi pour discerner la frontière entre le vrai christianisme et l'apparence, la routine, l'enflure, l'adventice, la perversion – tout ce qui, par notre faute, tient les incroyants à l'écart du Christ » (*JSD II,* p. 51).

Bien des années auparavant, il exprimait plus positivement, en une page prophétique, son attente exigeante à l'égard de l'Église :

> « Je crois en toutes les tentatives individuelles pour rendre le monde respirable, et j'attends leur mise en commun : la fulgurante synthèse qu'en tirera l'Église, le jour où elle aura définitivement perdu son humiliante humilité à l'égard des puissances : où elle sera pauvre et impérieuse; où ses

> pasteurs ayant eux-mêmes cessé de vivre bourgeoisement pourront parler aux bourgeois avec l'autorité rude que confère la bure et non la soie. J'attends un pape en bure. Car on peut être un saint de satin, mais on n'en suscite pas d'autres. J'attends Léon XIV : j'attends avec confiance le chef qui se réclamera de cette lignée, l'homme de génie qui d'une main impitoyable parce que bienfaisante, assignera place, limites, droits et devoirs à ses enfants les plus en danger : ceux qui possèdent encore tout, mènent encore tout et croient leurs privilèges menacés – mais il faut leur crier que leur âme l'est bien davantage! J'attends l'encyclique *Contra summam injuriam :* " Face à la plus grave des injustices... " Mais dès aujourd'hui, dès cette minute même, debout! Il est peut-être encore temps d'empêcher – Dieu le permette! – que le sang de tous ces innocents retombe sur nous à jamais... » (*LB,* pp. 262-263).

Moins de dix ans plus tard, le Concile Vatican II apportait un élément de réponse à son appel. On se souvient avec quelle allégresse il faisait le bilan de la deuxième session, jubilant de voir son Église affirmer sa volonté de redevenir l'Église des pauvres. C'est pour lui un grand jour, celui

> « où les deux mille cinq cents pasteurs d'un demi-milliard d'hommes vivants, les deux mille cinq cents successeurs de ces Douze qui virent, entendirent et touchèrent Dieu fait homme, ont réaffirmé, après leur Maître, que la première des Béatitudes et la plus éminente est : " Bienheureux ceux qui ont l'esprit de Pauvreté " » (*SAA,* pp. 69-70).

Le commentaire que Cesbron fait ensuite de ce verset nous semble bien caractéristique de l'évolution des mentalités chrétiennes au moment du Concile. Pendant la guerre, à travers son activité au Secours national, Cesbron avait eu à se préoccuper des situations de détresse individuelle : prisonniers, familles dispersées par la guerre... Dans les années 50, ses romans et son activité militante l'avaient conduit à mesurer la dimension sociale des problèmes : l'enfance délinquante, le monde ouvrier... Vatican II (et probablement aussi son métier d'homme de radio) ouvrent ses horizons aux dimensions du monde. L'exigence du partage lui semble appeler des solutions politiques à l'échelle de la planète. (Et il est notable que, quelques années plus tard, il écrit un roman qui a pour cadre l'Afrique.)

> « Bienheureux ceux qui ont l'esprit de pauvreté (cela) signifie, en 1964, que tout Chrétien qui s'approche de son Dieu sans être hanté aux larmes par la pénurie de ses frères d'Asie, d'Afrique et d'Amérique du Sud dont la moyenne de vie n'excède pas vingt-neuf ans, hanté aux larmes par ces millions d'enfants qui ne sont qu'un petit squelette tendu de peau noire, jaune ou rouge, que ce Chrétien-là commet un sacrilège. Ce qui signifie que l'Occident tout entier est en état de péché mortel : le péché de gâchis, le péché de manque d'imagination, le péché de ghetto. Car il y a aussi un ghetto des riches et de ceux qui mangent au-delà de leur faim : tout palais doré, tout château fort bien clos est un ghetto; toute cité, toute classe, toute nation repliée sur soi et repue est condamnée depuis vingt siècles » (*SAA,* pp. 69-70).

« Depuis vingt siècles », car, pour Cesbron, l'image classique des bergers de la crèche affirme que les pauvres sont au plus près de Dieu. Certes, depuis Constantin, les Églises d'Occident ont vécu une situation toute différente en s'asservissant aux riches et aux puissants de ce monde : « spectacle désespérant, problème désespéré » pour Cesbron *(ibid.)* qui est heureux d'en parler au passé, tant il a le sentiment que le Concile vient d'amorcer un mouvement irréversible.

On ne peut manquer d'être surpris par la différence de ton entre Cesbron et la plupart de ses grands devanciers : Péguy, Bernanos, Mounier..., lorsqu'il est question de l'Église. Alors que ces derniers ne cessent de vitupérer, d'anathématiser – Bernanos par exemple affirmant tout de go que le degré de sainteté est inversement proportionnel à la hiérarchie ecclésiastique! – Cesbron paraît apaisé, et sinon comblé par son Église, du moins rempli d'espérance. Cette attitude tient moins à son tempérament (« il est trop poli pour être un Léon Bloy », écrivait de lui un critique littéraire!) qu'au contexte historique. Si, le plus souvent, Gilbert Cesbron n'a pas, à l'égard de l'Église, la même position que les croyants des générations précédentes, c'est surtout parce qu'il a eu la chance, quant à lui, de connaître la grande espérance née du Concile Vatican II. Nous verrons, dans le chapitre 9, avec quelle énergie il dénonçait, dans les années 50, la stupidité voire la turpitude de certaines dévotions encouragées par l'Église. Au lendemain du Concile, il a le sentiment que la foi chrétienne se purifie. Il note dans un carnet inédit :

> « Nous avons le privilège de vivre un temps où le folklore, la nostalgie, l'attendrissement se sont décantés du vrai christianisme. » Et il ajoute, non sans humour : « Opération chimique : elle ne s'est pas faite sans un dégagement d'acide. »

Mais il ne se laisse pas impressionner par les remous, sinon les crises qu'entraîne cette purification, et note ailleurs, plein d'espérance :

> « La spirale se rapproche du Christ – il n'y a que cela qui compte » (inédit).

La mère malade

On le sait, les décisions du Concile ne firent pas l'unanimité des catholiques, tant s'en faut; les progressistes regrettant la tiédeur des prises de position dans les domaines politique et social, les intégristes ayant au contraire le sentiment que les réformes faisaient bon marché de la tradition de l'Église. Dans ces querelles parfois venimeuses, Cesbron s'efforce de conserver une attitude mesurée, de se comporter en témoin et non en partisan. Toutefois, si, comme on le verra, il s'efforce de considérer avec sympathie les protagonistes, de quelque bord qu'ils soient, il ne laisse pas ignorer l'immense espoir qu'il a mis dans le Concile et la joie qu'il a trouvée dans plusieurs de ses fruits :

> « Pour moi, il y a " avant Jean XXIII " et " après Jean XXIII ". Ce n'est pas de l'idolâtrie; je sais simplement que cet homme est entré dans mon cœur, comme quelques autres, et demeure une de mes " rencontres " – bien qu'en réalité je ne l'aie jamais rencontré. Le fait d'avoir connu le cardinal Roncalli, beaucoup trop habile, beaucoup trop rondouillard, et que cet homme soit devenu Jean XXIII, voilà l'une des raisons qui devrait pousser les chrétiens à croire au Saint-Esprit » (*CQAV,* p. 142).

Quant à la liturgie, pomme de discorde pour les intégristes, il n'est pas moins clair :

> « La messe actuelle, dite de Paul VI, jamais aucune liturgie ne m'a comblé à ce point : une liturgie sobre, transparente... » *(ibid.).*

Est-ce à dire qu'il prenne parti pour l'un ou l'autre camp? Nullement. Ce qu'il tient avant tout à affirmer, c'est son amour de l'Église. Celle-ci n'est pas un parti auquel on rend sa carte en cas de désaccord, mais un lieu de vie, où se joue notre essentiel. Partant, on peut ou l'on doit s'y attacher comme à une famille :

> « J'ai toujours aimé et j'aime toujours l'Église. Peut-être parce que je n'en ai pas toujours fait partie. Je considère qu'on doit l'aimer comme sa mère : si votre mère se met à boire, vous n'allez pas la jeter à la rue, n'est-ce pas? Vous allez souffrir, essayer de la guérir; vous allez la

> défendre envers et contre tous et ne pas la quitter. L'Église, quand elle a des torts et des travers, ce n'est certes pas le moment de la dénoncer et de cesser d'être un fils. Je l'aime plus que jamais en ce moment, parce qu'elle souffre, parce qu'on se moque d'elle, parce que ses enfants se querellent » *(ibid.)*.

En posant le problème en ces termes, Cesbron se trouve amené à « calmer le jeu » et à tenir un tout autre langage que les médias qui, par goût du spectaculaire, auraient tendance à souligner les oppositions plutôt qu'à les atténuer. Pour lui, comme pour tous ceux qui s'efforcent de se référer à l'essentiel, ces combats ne sont qu'accessoires. Et au risque d'être classé dans le camp des « conciliaires » par les intégristes et les progressistes, il clame sans ambiguïté sa foi en l'Église :

> « Cette fameuse crise de l'Église, je ne peux plus supporter qu'on en parle. Il n'y a aucune " crise " de l'Église : il y a une Espérance intacte et une Église qui marche enfin, de nouveau, vers l'humilité, vers la pauvreté, vers la non-violence, une Église qui retourne au Christ et à l'Évangile. Les fameux " remous "? Mais quand un bateau commence à gagner le large, à aller vers son but, quand l'hélice se met en marche, cela fait des remous terribles, et beaucoup de petites embarcations chavirent à ce moment-là. Il y a une " crise " de l'Église parce que l'Église est en marche » *(ibid.)*.

C'est en vertu de cette même foi en l'Église, que Cesbron peut considérer avec sympathie les opposants des deux bords (si l'on ose dire) à la ligne du Concile. Dans un article paru en 1974 et reproduit dans le recueil *Mourir étonné,* il ne se contente pas d'admettre l'existence de ces chrétiens différents de lui, il leur rend grâce de leur diversité! Il y a, sous sa plume, reconnaissance au double sens du mot : il prend acte de l'existence des spiritualités différentes et sans mettre en doute la conviction des uns ou des autres, il les reconnaît et en outre, il leur exprime sa gratitude, il accueille leur témoignage, au point de leur en être reconnaissant! Précisément, le texte s'intitule *Trois fois merci!* Il reflète bien l'attitude de non-violence évangélique qui était celle de Gilbert Cesbron à la fin de sa vie : une attitude de croyant qui se réfère à l'Essentiel, au lieu de confondre ses humeurs et la vérité de la foi. On appréciera le style balancé et les parallélismes de construction de cette « déclaration d'amitié » :

> « Et d'abord merci à ceux qu'on désigne du beau nom " d'intégristes " et qui précisément voudraient conserver dans leur intégrité toute la tradition, toutes les traditions. C'est à un passé tout ruisselant de saints qu'ils se réfèrent. Ils ne sauraient dire eux-mêmes – et c'est humain – quelle est, dans le choix qu'ils ont fait, la part de l'instinct et celle de la raison, la part de la docilité et celle du courage (car il en faut pour s'arc-bouter à contre-courant), la part de la nostalgie et celle de la méditation. Je les comprends et je leur tends la main, à la condition que la leur ne soit pas crispée mais qu'elle demeure cette main ouverte, celle qui dit : " Prions ensemble " et " Que la paix soit avec vous! "
> Et, de la même voix, j'adresse mon second merci à ceux-là qu'on désigne du beau nom de " progressistes " et qui, précisément, voudraient que la chrétienté poursuive sa marche en avant vers ce Royaume qui est déjà parmi nous. Quand ils semblent se détourner de l'Église traditionnelle, c'est qu'ils se réfèrent à un passé non exempt d'erreurs, d'abus de pouvoir et parfois de crimes. Les autres crient : François d'Assise! Eux crient : Galilée! Et qui a tort, je vous le demande? – Personne. L'Église est tout ensemble ceci et cela, sainte et pécheresse. Chacun de nous est ceci et cela; chacun des Douze l'était, et Jésus les aimait » (*ME,* p. 64).

Après cette amicale *captatio benevolentiae,* Gilbert Cesbron ne croit pas pouvoir éviter de montrer à ces frères ennemis qu'en dépit de leurs anathèmes, et des « différences dont ils s'honorent si vainement », ils se ressemblent pour le meilleur (leur amour de Dieu intransigeant) et pour le pire (la hargne, l'esprit d'exclusive). Et pour tirer toutes les conclusions qu'impose un tel constat, Cesbron formule quelques propositions afin de rendre possible la cohabitation : se considérer « d'une rive à l'autre » avec respect, sinon affection, et « s'écouter à défaut de s'entendre » – « se référer en tout et toujours aux paroles mêmes de l'Évangile sans les édulcorer, les démythifier, les séculariser » – et enfin « accepter de la main du Christ ce chef que les incroyants semblent parfois respecter plus que nous : le pape, signe visible de notre unité ».

Cette vision très apaisée qui surmonte les oppositions en prenant de l'altitude en les référant à l'Absolu se manifeste en plénitude dans une page du *Journal sans date* où elle adopte la forme d'une parabole évangélique – genre littéraire on ne peut mieux adapté, on en conviendra, pour porter un tel message!

> « Il y avait deux chrétiens qui se promenaient aux deux extrémités d'une forêt en priant. L'un deux disait : " Mon Dieu, cette forêt n'a pas changé depuis des siècles, et votre Église non plus. Je vous remercie pour cette continuité et cette tradition et je vous prie de tout mon cœur afin que rien ne change, amen. " Le second priait ainsi : " Mon Dieu, tels sont votre génie et la liberté que vous nous octroyez que, pareil à chacun de ces arbres, le monde se transforme continûment. Je vous remercie de m'avoir fait naître en un siècle où tous les yeux s'ouvrent et je vous prie de faire que votre Église, elle aussi, se transforme, amen. " Les deux promeneurs aux mains jointes se rencontrèrent dans une clairière et se saluèrent en souriant » (*JSD,* p. 22).

Dans le tout dernier essai de Cesbron, cette querelle théologique des anciens et des modernes est évoquée dans le style lapidaire du *Journal sans date*. Peut-être aussi est-ce la maladie qui donne au style cet aspect haletant, fébrile. Mais on remarquera qu'ici encore, c'est l'Évangile qui demeure la référence ultime :

> « Il y a plusieurs demeures dans la maison de mon Père [1]... En attendant, les locataires se disputent sur le palier » (*UDA*, p. 184).
>
> « La querelle de l'*Intégrisme* et du *Progressisme* est réglée une fois pour toutes dans l'Évangile selon saint Matthieu : " Tout homme devenu disciple du Royaume est semblable à un maître de maison qui tire de son trésor du neuf et du vieux [2] " » (*UDA*, p. 52).

Dans plusieurs des derniers romans de Cesbron, on a un écho du renouveau liturgique d'après le Concile. Certains essais commentent également les nouvelles orientations pastorales de l'Église. Ainsi, il remarque, non sans humour, à propos des « communautés de base » :

> « Ces temps-ci, beaucoup de chrétiens préfèrent la musique de chambre à l'orchestre symphonique. Bah! C'est toujours le même amour de la musique, n'est-ce pas? » (*UMEM*, p. 104).

On sait, par ailleurs, que la maladie l'a empêché de visiter ces communautés de base d'Amérique latine qui lui paraissaient une préfiguration de l'Église de demain. Toujours à propos de l'Amérique latine, il note – au lendemain, sans doute, de la mort de Camillo Torres, prêtre et guérillero :

1. Jean 14,2.
2. Matthieu 13,52.

> « Toute " théologie de la révolution " qui débouche sur la violence et non sur le martyre est une imposture » (*BR,* p. 48).

Formule lapidaire et qu'il aurait sans doute nuancée au cours du grand débat des années 80 sur cette question. Grand admirateur de Mgr Helder Camara, Cesbron n'entend nullement bénir le « désordre établi », comme disait Mounier : les situations sociales et économiques d'injustice institutionnalisée qui sont le lot habituel du Tiers Monde. Mais il n'en demeure pas moins résolument non-violent.

Enfin pour clore ce chapitre sur l'Église, on notera des propositions concrètes d'organisation que – significativement – Cesbron émet au lendemain des « événements » de Mai 68! Plutôt que d'imaginer une restructuration de l'appareil ecclésiastique dans son ensemble, il préfère appliquer sa réflexion au niveau plus modeste de la paroisse. On notera tout ensemble le caractère mystique et réaliste du propos :

> « Qu'est-ce qu'une paroisse? – La seule définition irréfutable n'est ni fonctionnelle ni administrative; la voici : c'est *le Christ au milieu des siens.* Une paroisse, c'est le tabernacle avec un quartier ou un village autour. Ceux qui ne peuvent pas vivre sans l'Eucharistie constituent donc premièrement la paroisse; ceux qui ne croient pas à la Présence réelle, si " fidèles " qu'ils puissent être, n'y appartiennent guère que de désir » (*DLA,* p. 185).

Mais – même si Cesbron ne croit pas devoir le rappeler ici – il est clair que, dans son esprit, l'Eucharistie n'a de sens que dans son enracinement humain. Célébrer l'Eucharistie, c'est offrir et consacrer le travail des hommes concrets qui nous entourent.

> « La paroisse s'organise donc autour du Saint-Sacrement pour prendre sa part des tâches et des joies qui, d'un consentement unanime, sont celles des chrétiens » *(ibid.).*

On devine déjà la conclusion quasiment révolutionnaire que Cesbron va déduire de ces prémisses mystiques : les tâches des chrétiens réunis autour de l'eucharistie varient infiniment d'une époque à l'autre, d'un pays à l'autre et donc il n'y a pas lieu de prévoir un modèle unique.

Les exemples qu'il cite à l'appui de sa démonstration procèdent de la même tranquille audace :

> « Par exemple, les patronages sont peut-être tout à fait désuets, l'enseignement libre condamné; tandis que, longtemps mineures ou même inconnues, l'aumônerie d'enseignement public, la préparation au mariage deviennent essentielles. En Afrique, en Amérique du Sud, le tableau des tâches est sûrement tout différent » *(ibid.,* p. 186).
>
> « C'est dire que les choix, la " distribution " du travail devraient être le fait de chaque paroisse. Je ne dis pas : " du clergé de chacune d'elles ", ni de je ne sais quel " conseil paroissial " permanent, mais bien : résulter de l'avis de tous les paroissiens qui se sentent concernés. Les autres, nul ne peut les contraindre à participer : déjà heureux qu'ils participent à l'Eucharistie, c'est-à-dire à l'essentiel; le reste suivra bien un jour » (...) *(ibid.)*.

A ceux qui trouveraient ces solutions démagogiques, Cesbron fait observer qu'il ne s'agit ici que de démocratie. Et il est bien convaincu – à l'instar de Bergson – que la démocratie est d'essence évangélique. Partant, on voit mal en vertu de quel principe la démocratie serait « réservée à l'usage laïc. La démocratie est, finalement, la seule sauvegarde de la liberté, de l'égalité et de la fraternité, trois notions que le Christ a implantées (ou ravivées) parmi les hommes avec dix-huit siècles d'avance » (*ibid.,* p. 189). On pourrait, en outre, faire remarquer aux plus cléricaux « que le Concile a donné l'exemple aux plus humbles paroisses de la chrétienté, et que l'autorité si nécessaire du curé n'en sera pas plus amoindrie que celle de Paul VI après Vatican II » *(ibid.)*. De même,

> « à ceux qui croiraient qu'on ne sait quel vent vénéneux de Mai 68 me souffle ces lignes, il faut faire remarquer que, pour ce qui est de la *contestation,* du *dialogue* et de la *participation,* l'Église catholique a pris spectaculairement les devants : quatre ans de travail à Vatican II! » (*ibid.,* p. 190).

Bien entendu, le dialogue démocratique suppose certaines règles – dans la société comme dans l'Église. Cesbron les formule en des termes mesurés, comme pour rassurer ceux et celles qui s'effaroucheraient de telles audaces :

> « Curés, vicaires, religieux et religieuses, diacres futurs, catéchistes, animateurs, conseillers, simples participants de l'Eucharistie, tous réunis autour du Christ effectivement présent, forment l'Assemblée paroissiale. Chacun peut et doit y faire entendre sa voix, à la triple condition de respecter le dogme et les règles universelles de l'Église catholique, nées des prescriptions du Christ; de respecter ses pasteurs, parce qu'ils ont donné leur vie au Christ; et de respecter les souhaits de la majorité de l'Assemblée » *(ibid.).*

Les églises de pierre

On se souvient aussi (et ce n'est pas sans lien avec ce qui précède) que Cesbron s'était intéressé à l'architecture et à l'aménagement des églises (avec un petit é, cette fois!). Dans un numéro de la revue *Fêtes et Saisons* [3] entièrement rédigé de sa main, il rend hommage aux églises qui ont jalonné sa route de chrétien et décrit le bâtiment de ses rêves, pleinement accordé à l'idée qu'il se fait de la liturgie et du peuple de Dieu, lieu de rassem-

3. *Rêver d'une église; Fêtes et Saisons,* n° 274, avril 1973, reproduit dans *Huit paroles pour l'éternité,* 1978.

blement pour une rencontre communautaire – mais en même temps la plus intime pour chacun.

L'église dont il rêve n'est pas en forme de croix comme tant d'autres, « semblable à un grand corps crucifié dont le cœur correspond à l'endroit même où se célèbre le mémorial ». Elle sera « ronde, comme le soleil, comme l'hostie, symbole de l'égalité parfaite (...) du fini et de l'infini » : « Ronde comme la terre, mon église, ronde et close sur soi comme une graine » (*op. cit.,* p. 7). Il est clair que, symboliquement, ces formes très enveloppantes expriment des conceptions théologiques. Cesbron n'écrivait-il pas, dans son *Journal sans date* (en parodiant une pensée de Pascal) que l'ensemble des croyants est « une circonférence dont le Christ est le centre et nous une infinité de points distincts à égale distance » (*JSD II,* p. 69). L'image exprime bien la tolérance de Cesbron à l'égard de spiritualités qui lui sont les plus étrangères.

En outre, l'église de pierre n'a de sens que par et pour l'Eucharistie. Elle ne peut être construite qu'autour du tabernacle. Cesbron y revient à plusieurs reprises dans son œuvre. Ainsi écrit-il, dans un inédit :

> « Dans la plus riche chapelle baroque comme dans la plus pauvre église romane, dans la plus hideuse basilique comme dans notre mère la cathédrale de Chartres, il y a ce recoin obscur où Dieu nous a permis d'enclore son mystère et qui la justifie. »
>
> « Les nouvelles églises sont des tentes de béton armé qui abritent le tabernacle. L'Église redevient un camp volant. »

La brochure *Rêver d'une église* orchestre amplement ce thème. Toute la décoration de cette église idéale évoque la Cène, la croix et la résurrection. Une immense verrière reproduit le visage du crucifié d'après le Saint Suaire de Turin, cette Sainte Face à laquelle Cesbron, on s'en souvient, a dédié des pages admirables dans un de ses derniers essais (*Un certain visage, Mourir étonné,* 1975, pp. 271-292). Autour de cette verrière grise et noire flamboient sur les vitraux de la résurrection...

> « Tous les soleils du monde, tous les feux de la Joie! C'est l'aube et l'aurore, c'est midi le Juste, c'est l'or et le cuivre, fanfare de lumière! Quel Manessier, quel maître verrier débordant de foi, d'espérance et d'amour, saura encadrer de flammes la Sainte Face obscure afin d'exprimer le matin de Pâques? » (*op. cit.*, p. 11).

En contre-jour devant cet incendie de lumière, un autel tout simple figure la « table du sacrifice et du repas » *(ibid.)*. Tout le regard, comme les lignes de l'architecture, converge vers lui. Tout n'est qu'étape vers lui : le baptistère, comme le lieu du sacrement de réconciliation (et qui ne ressemble guère au sinistre confessionnal d'antan!). Et de même, tout au long du mur circulaire de l'église, court un « chemin de croix » – vingt et une images (et non quatorze, comme de coutume) – que Cesbron emprunte à la lecture des Évangiles, et qui s'achève en « chemin de joie [4] » par les images de la Résurrection. La décoration est complétée par des vitraux qui commémorent quelques saints, ces « frères d'où nous vient la lumière ».

Ce rêve – tout aussi théologique qu'architectural – s'ouvre sur l'évocation de la visite d'une église, un adulte tenant par la main un jeune enfant qu'effarouche un peu la solennité du décor. Gilbert Cesbron nous fit l'amitié de dédicacer la brochure à notre fils qui venait de naître, en modifiant de sa main le sous-titre : « Je te prends par la main, Daniel, et je t'emmène déjà dans l'église où peut-être nous prierons ensemble un jour. »

---

4. Titre d'un ouvrage de spiritualité de Louis Évely (Office général du livre).

CHAPITRE 8

L'OFFICE DE COMPENSATION

Dans la construction de sa foi, Gilbert Cesbron accorde une grande place au dogme de la « Communion des Saints » : l'idée que le salut n'est pas une réalité strictement individuelle, les mérites des uns compensant les manquements des autres. En cela, il se place nettement dans la lignée de Péguy, de Claudel et surtout de Bernanos *(Dialogues des Carmélites).* Cette certitude est si profondément ancrée en lui que, sans elle, la structure de certains de ses romans deviendrait incompréhensible : par exemple *Les saints vont en enfer, Don Juan en automne.* La Communion des Saints nous donne la mesure de notre solidarité. Si chacun peut quotidiennement constater qu'il existe visiblement une « communion des malins : une coresponsabilité du mal, une culpabilité infinie, interminable » (carnet inédit), la foi nous indique que cette situation a son symétrique : solidaires dans le péché et le malheur, nous pouvons l'être aussi dans le bien.

On pourrait imaginer que la Communion des Saints demeure pour Cesbron une idée théologique dont il admirerait l'originalité, le pouvoir de fédérer d'autres notions. Mais il n'en est rien : pour lui, « avant d'être un dogme, c'est (...) une certitude viscérale » (*CQAV,* p. 292). Comme toutes les convictions, celle-ci s'enracine aussi dans la sensibilité et non dans la seule intelligence. Comme telle, elle oriente les choix quotidiens. Savoir que notre vie, mystérieusement, « communique » avec celle de milliards d'autres vies ne peut manquer de modifier l'éthique individuelle, le rythme et la forme de la prière! Croire à la Communion des Saints, c'est se savoir *relié* à autrui, en quelque sorte responsable de son destin, et capable de l'améliorer par la qualité de sa prière et par le souci de purifier son comportement quotidien. Ce dernier aspect, vivement ressenti par Cesbron, n'est pas sans ressemblance avec les convictions de la non-violence. Un Gandhi par exemple était convaincu qu'une action sociale ne peut être efficace si l'on n'a le souci permanent d'en purifier la source.

Dans son essai *Des leçons d'abîme* (1971), Gilbert Cesbron – à la suite de Pascal – met en perspective l'extrême complexité de l'univers physique et la subtile architecture de l'univers spirituel :

> « Il y a quelque trois milliards et demi d'hommes sur la terre, et le corps de chacun est fait d'un million de milliards de cellules dont chacune est un monde. Pourquoi, comment l'univers des âmes ne relèverait-il pas d'une organisation aussi sûre, aussi minutieuse? » (*DLA*, p. 250).

A cette lumière, les mystères du dogme chrétien paraissent infiniment moins surprenants. Celui de la Communion des Saints, note Cesbron, est « le plus satisfaisant » *(ibid.)* pour donner une clé de l'univers. « Il ne peut rebuter que ceux qui ne savent pas que Dieu est Amour, ceux qui ne l'ont pas compris ou ne l'acceptent pas » *(ibid.)*. Pour les croyants, au contraire, ce dogme permet de regarder sans désespoir tout l'inacceptable de la condition humaine. Le mal et les souffrances les plus atroces cohabitent avec la splendeur, l'infinie tendresse de la Création, au point de faire douter de la souveraine bonté du Dieu-Père. La Communion des Saints remet les choses en perspective. Le mal demeure tout aussi inexplicable, mais on sait du moins qu'on peut y remédier par la prière et l'action : en se mettant au service d'autrui, mais aussi en s'efforçant de purifier sa propre vie. La certitude de la Communion des Saints délivre le croyant du désespoir, lui redonne toute sa dignité, fait éclater les barrières du temps ou de l'espace en le rendant solidaire d'inconnus qui vivent aux antipodes, ont vécu ou vivront en un autre temps. « Les gens de l'Alliance », écrit Cesbron – c'est-à-dire ceux qui cherchent à vivre sous le regard de Dieu – n'ont aucune peine à concevoir ce gigantesque éternel, universel " office de compensation ", et ils célèbrent en lui avec allégresse les noces permanentes du temps et de l'espace » (*DLA,* p. 250). « Office de compensation », en ce sens que les mérites des uns rétablissent mystérieusement l'équilibre perturbé par la violence ou l'égoïsme des autres.

> « Si Dieu est Amour, aucun mouvement d'amour (et cela va du sourire à un inconnu au sacrifice délibéré de sa vie), aucun mouvement d'amour n'est perdu. Tout se rejoint en lui » (*BR,* pp. 67-68).

A cette perspective, on comprend que pour Cesbron, le dogme de la Communion des Saints soit « la base même du christianisme » (*CQAV,* p. 292). Et bien qu'il n'ait rien d'un nostalgique des anciennes liturgies, il déplore que l'expression ne figure plus dans les prières de l'Église – sinon dans le vieux « symbole des apôtres », cette ancienne formule du Credo qu'on ne récite plus guère. Ce qui fait, remarque-t-il, qu'un enfant chrétien d'aujourd'hui n'a pratiquement aucune chance d'entendre parler de la Communion des Saints – sauf s'il lit les *Dialogues des Carmélites* ou la Vie de Thérèse de Lisieux!

Pour Cesbron, le maître mot de l'existence chrétienne ne peut être que solidarité, puisque le maître mot de la pensée théologique comme de l'élan mystique, c'est : « Dieu est Amour. » Dans le scénario du film sur Bernadette de Lourdes, significativement nommé *Il suffit d'aimer* (1959), on voit, dans les premières séquences, la jeune sainte élève du catéchisme de sa paroisse. A la religieuse qui voudrait lui faire débiter les formulations byzantines des théologiens, la fillette qui devait voir Marie face à face oppose paisiblement la certitude qui fait le fonds de son expérience religieuse : « Dieu est Amour » (*ISA,* p. 25). Du reste, pour Cesbron comme pour les mystiques qu'il met en scène, la Communion des Saints représente moins une promesse pour l'au-delà qu'une exigence pour aujourd'hui :

> « Par la Communion des Saints, dit-il, nous devenons les maîtres de notre destin, nous donnons un sens à la douleur, à la souffrance et à la mort » (*CQAV,* p. 292).
>
> « Dans le coin le plus obscur des églises, écrit-il dans son dernier livre, des vieilles sèment par dizaines des grains de chapelets pour d'éblouissantes moissons qu'elles ne verront pas » (*UDA,* p. 202).

Ce mystère de la Communion des Saints, modèle, on s'en doute, l'idée qu'il se fait de son métier d'écrivain. Il est clair, tout d'abord, que cette vision solidaire de l'humanité, ce sentiment d'être très concrètement relié à des foules d'inconnus, par-delà le temps et l'espace, ne peut manquer de relativiser l'ambition (que celle-ci soit littéraire ou d'une autre nature) :

> « Je suis engagé dans une partie autrement importante, complexe et secrète que votre petit jeu de la carrière, de la notoriété, de la postérité, note-t-il dans *Journal sans date :* je suis *engagé* corps et âme, dans la Communion des Saints » (*JSD,* pp. 73-74).
>
> « Un écrivain et ses lecteurs, écrit-il dans un texte resté inédit : c'est l'ébauche de la Communion des Saints. »

CHAPITRE 9

A CIEL OUVERT

« Un saint tient ciel ouvert
comme on tient table ouverte »
(*BR,* p. 155)

Les saints sont les paroles vivantes du Christ (JSD, *p. 100)*

Après cette présentation de la foi de Gilbert Cesbron – une conviction robuste et équilibrée, sans scrupule ni mièvrerie – on s'étonnera peut-être de nous voir évoquer son culte des saints. Le terme, en effet, appelle en écho tout un cortège d'images assez ridicules : statues aux poses alanguies et devant lesquelles palpitent des cierges, médailles, scapulaires et autres amulettes; reliques à l'authenticité douteuse; prières geignardes ou intéressées : tout un ensemble de mômeries plus ou moins idolâtres où le ridicule le dispute à l'odieux. Gilbert Cesbron en a pleinement conscience et sans doute n'éprouve-t-il pas moins que le héros de *Vous verrez le ciel ouvert* l'envie de chasser parfois *manu militari* les « marchands du Temple » qui prolifèrent comme une végétation parasite autour du sacré. Dans une page restée inédite, il note, sans concession :

> « L'Église a laissé proliférer, a cautionné ou même encouragé des légendes et des dévotions triplement scandaleuses; d'abord pour la sottise dont elles affublent l'Église et parfois le Christ aux yeux du reste du monde; ensuite pour les profits que certains en tirent (cela se nomme " simonie "); enfin et surtout parce que, loin d'être (...) des acheminements vers la Vérité, ces dévotions dévorantes vous en éloignent. Devant ce ruissellement qui va rejoindre tôt ou tard la nappe souterraine de l'idolâtrie, quelle tentation pour nous de rejoindre la rigueur protestante! »

Ce texte, écrit probablement dans les années 50, peut être mis en parallèle avec les pages rédigées au lendemain du Concile dans lesquelles Cesbron se réjouissait de voir son Église se décanter, se purifier en se voulant seulement fidèle à l'Évangile.

On devine donc que, sur ce chapitre aussi, Cesbron a dû réinventer sa foi en partant de la personne du Christ. Aucune idolâtrie dans son culte des saints, car celui-ci ne le distrait pas de l'essentiel, à savoir l'imitation de Jésus-Christ. De fait, pour lui, les saints ne sont que des reflets du Christ. Bien loin de nous éloigner de lui, ils ne font que reprendre son message en le prolongeant dans les contingences d'une époque donnée : François d'Assise incarne l'Évangile dans le Moyen Age italien, Vincent de Paul dans la France du Roi-Soleil et ainsi de suite. Cette incarnation datée et localisée fait toute la grandeur du saint, en même temps que ses limites. Aucun d'eux n'exprime la totalité du mystère et aucun d'eux n'en présente une expression définitive. C'est à chaque époque, à chaque croyant, en effet, d'inventer sa façon d'incarner le Christ et de lui être fidèle.

Verbe de Dieu, le Christ a été annoncé, préparé par les prophètes, comme il est prolongé par les saints qui vivent de sa parole et la traduisent par leur vie :

> « Paroles parfois sublimes mais souvent transitoires de l'Ancien Testament. Le Christ est la parole *définitive* de

> Dieu. Les saints sont les paroles vivantes du Christ » (*JSD,* p. 100).

Appelé à incarner l'Évangile dans des conditions particulières, chaque saint est adapté à une époque et à une société données – même s'il étonne et choque souvent ceux qu'il rencontre. Un des personnages de *Briser la statue,* la pièce de théâtre que Cesbron écrivit dans les années 40 en l'honneur de sainte Thérèse de Lisieux, le rappelle :

> « Les héros sont des alibis, mais les saints sont des modèles. Jean-Marie Vianney, curé d'Ars, est venu à temps rendre courage au clergé, et Jean Bosco aux orphelins du monde entier. Thérèse Martin, elle aussi, a été donnée à son siècle (...)
> A ce siècle de malins, de tricheurs, de gens qui " se défendent ", [elle] rappelle l'abandon, l'enfance, le sourire : le monde à l'envers... » (*BS,* p. 166).

On aura noté la première formule qui est sans doute un peu elliptique pour un texte théâtral : les héros sont des alibis en ce sens que leurs hauts faits suscitent l'admiration mais semblent dispenser de les imiter (et d'autant que, le plus souvent, on ne devient un héros qu'au prix de sa vie!). Au contraire, les saints doivent être davantage aimés qu'admirés et entraînent vaille que vaille dans leur sillage, à l'imitation de leur imitation du Christ.

Paradoxalement, c'est en raison même de leur enracinement dans l'au-delà, que les saints ne nous font pas déserter ou considérer comme par trop relatives les rencontres de la terre. Ils nous les rendent précieuses, au contraire, mais en nous donnant la mesure de l'essentiel :

> « *La merveille des saints,* écrit Cesbron dans son *Journal sans date, est de peupler notre univers si gris :* de faire que, peu à peu, nous ne puissions voir personne sans songer à quelqu'un qui lui ressemblait, passait aussi inaperçu que

> lui mais, à présent, contemple le Seigneur face à face. Impossible désormais de voir un vieux prêtre sans songer à monsieur Vianney, une sœur de charité sans penser à Catherine Labouré, etc. Les saints courent les rues; à nous de les distinguer à temps. Et pour cela, un seul moyen : les aimer tous d'avance. Un jour, nous les *reconnaîtrons* dans les Demeures éternelles » (*JSD,* pp. 137-138).

« Aimer d'avance les saints », c'est se mettre dans une attitude d'accueil à l'égard de chaque personne rencontrée. L'Évangile affirme si radicalement l'identité entre l'amour de Dieu et celui des hommes, que chacun – quelles que soient ses limites et ses déficiences – devient à son tour un autre Christ offert à ma sympathie. Dans son *Journal sans date,* Cesbron a cette belle prière :

> « Je veux aimer tous les visages, ils sont tous le reflet du Tien : S'ils sont laids, c'est de Ta souffrance et, s'ils sont beaux, de Ton amour. Un jour, ils se reconnaîtront au miroir de la Sainte Face » (*UMEM,* p. 237).

Mais, encore une fois, la perspective de ces retrouvailles au-delà de la mort n'a rien de démobilisateur pour Cesbron :

> « Par un paradoxe que des incroyants saisiront mieux que certains croyants, les saints sont ceux qui ont compris à temps que le Royaume de Dieu est déjà sur la terre » (*JSD,* p. 165).

Dès lors, on comprend mieux en quel sens Gilbert Cesbron affirmait, dans un de ses premiers essais, qu'il « n'y a aucun orgueil à vouloir être un saint : c'est seulement l'instinct de conservation de l'âme » (*LB,* p. 239). Vouloir être un saint, prendre au sérieux la surprenante invitation du Christ : « Soyez parfaits comme votre Père céleste est parfait » (Matthieu 5,48), c'est synonymement se mettre à l'école de l'Évangile, s'efforcer de christianiser sa vie. Et nous avons le sentiment que Gilbert Cesbron avait réussi à atteindre cette transparence.

Une pureté de cristal

Catholique fervent, Gilbert Cesbron a une particulière tendresse pour la Vierge Marie. Toutefois, cette piété mariale ne lui est venue que tardivement, une fois dominées ses réticences premières à l'égard d'une dévotion jugée mièvre et plus ou moins idolâtrique. En construisant lui-même sa foi à l'âge adulte, il ne pouvait manquer cependant de rencontrer Marie, dont l'image, sous sa plume, est toujours associée à celle du Christ. « La Vierge, écrit-il dans une page inédite, est la créature qu'il a le plus aimée, qui L'a le plus aimé. » Et, dans son *Journal sans date,* il note :

> « Il m'a fallu cinquante ans pour découvrir que Jésus ressemblait sans doute à sa mère, lui ressemblait *physiquement.* Cette évidence exquise n'a guère frappé les peintres » (*JSD II,* p. 40).

Dans un texte peu connu, Cesbron évoque tout à la fois sa découverte de Marie et ses réticences passées. Une fois encore, on notera l'enchevêtrement inextricable de la biographie et de la spiritualité :

> « Je ne t'ai jamais assez aimée, Marie. J'aimais trop ma mère de la terre : je n'ai pas voulu la remplacer quand je l'ai perdue; et, auparavant, je ne voulais pas partager. Et peut-être t'ai-je gardé rigueur d'être la maman éternelle, tandis que l'autre est si fragile, à la merci d'une clinique blanche et d'une nuit de février. Je ne voulais pas te donner de visage : mort ou vivant, le sien me suffisait. C'est pourquoi j'ai longtemps détesté le culte dont ils t'entouraient tous, orphelins volontaires, et pourquoi je me suis si longtemps détourné de Bernadette.

Ton silence, tout au long de la vie de Jésus, faisait bien mon affaire : tu n'étais donc qu'une " figurante " dont Dieu avait besoin pour sa divine tragédie. " Et puis, parfaite avant de naître, quels mérites avais-tu? " pensais-je aussi. Et encore : quelles étaient donc ces " sept douleurs "? Toujours leurs chiffres magiques! Les mamans de la terre n'en souffraient-elles pas autant et davantage? Elles m'humiliaient à la fin, ces vieilles rongeuses de chapelets, avec leurs quinze " mystères " dont la moitié n'en étaient pas! Les chiffres toujours. D'où venait ce catalogue laborieux, à la fois symétrique et disparate? Une religion de vieilles femmes et de comptables – voilà ce qu'était devenu le christianisme, à cause de toi et des tiens! » (*8PE,* p. 317).

C'est sans doute, explique-t-il, devant la Vierge de Michel-Ange, dans la chapelle des Médicis à Florence, qu'il s'est senti « virer de bord ». L'effigie de cette « jeune femme navrée » est la seule ressemblante à ses yeux. Tout est dans le regard qu'échangent Marie et son Fils au Calvaire. Et de découvrir en Marie le plus pur reflet du Christ fait fondre toutes ses réticences et toutes ses résistances.

De fait, c'est toujours en termes très humains, très évangéliques aussi, que Gilbert Cesbron parle de Marie : le propre de Marie est, en effet, d'accomplir la destinée la plus exceptionnelle à travers les actions les plus banales. Totalement chrétienne avant la lettre, elle réalise en acte que l'amour de Dieu passe à travers l'amour d'autrui. Ainsi, à peine a-t-elle reçu la visite de l'ange qui lui révèle son privilège d'enfanter le Christ, qu'elle va rendre visite à sa cousine pour l'aider à « tenir sa maison ». Dans l'imaginaire de Cesbron, Marie est davantage la très jeune femme étonnée d'un Botticelli qu'une des lourdes matrones solennelles de Rembrandt.

« Il n'y a rien, remarque-t-il, de plus mystérieusement proche de Dieu (de Dieu qui est Amour et Création)

> qu'une jeune mère. Si, de surcroît, ce prodige se trouvait lavé de toute impureté, on serait aux portes du Royaume. Or, c'est Marie » (*JSD II,* p. 45).

Un autre visage de Marie qui hante Cesbron, c'est celui de la *Mater dolorosa* accompagnant son fils dans les étapes de son calvaire – et par là même de sa compassion pour les hommes. Ainsi, dans le décor imaginaire que Cesbron décrit dans *Rêver d'une église* (*8PE,* pp. 275-323), il est caractéristique que ce soit sous ces traits que Marie apparaisse [1]. De même, lorsque le prêtre-ouvrier prie au chevet d'un enfant moribond *(Les saints vont en enfer),* il appelle au secours « *les autres :* le Christ d'abord et puis sa Mère (pas celle qui tient le petit enfant sur ses genoux, celle qui tient le grand corps exsangue) » (*SVE,* p. 212). Compte tenu du tempérament et de la spiritualité de Cesbron, de sa perméabilité à toutes les souffrances humaines, de sa sympathie, cet aspect de Marie ne pouvait manquer de lui paraître essentiel.

Quant à la Pureté de la Vierge, « être de cristal », il semble qu'à ses yeux, elle soit davantage l'effet de sa qualité morale que d'un mystérieux privilège théologique qui, de naissance, l'aurait constituée telle. Pour Cesbron, Marie est pure, sans doute parce que Dieu l'a voulue telle, mais aussi (et peut-être surtout) parce que chaque jour, elle s'est purifiée par la prière pour être transparente à son appel.

> « La Vierge, ses souffrances aussi étaient immaculées : exemptes du remords d'aucune bassesse, faiblesse ou complaisance. Ce sont les plaies infectées qui font le plus mal. Elle souffrait autrement. Une incommensurable douleur pure » (*JSD,* p. 165).

La piété mariale de Cesbron est donc faite de tendresse plus que de vertigineuse révérence. Elle est avant tout une affection

1. Et de plus, la statue aura le visage voilé afin que chacun puisse lui prêter le visage que son cœur lui suggère!

filiale et n'exclut pas la perception d'une ressemblance, voire d'un air de famille! « Ma joie, note Cesbron dans un des derniers volumes du *Journal sans date,* aura toujours été un peu triste comme celle de ma mère Marie » (*BR,* p. 126). On sent bien percer cette tendresse filiale dans ce poème-prière que l'on trouve dans le même ouvrage :

« Marie-muguet, Marie-matin,
Marie-printemps, Marie-bonheur,
Marie-son-cœur, Marie-le-mien,
Priez pour nous, pauvres pécheurs » (*BR,* p. 226).

CHAPITRE 10

LE GÉNIE DE DIEU

Après avoir évoqué la foi de Cesbron et la façon dont elle s'exprime dans sa vie, par la prière comme par l'action, après avoir analysé sa relation à l'Église de la terre comme à celle du ciel, il nous faut maintenant décrire la façon dont il se situe par rapport aux grands actes de la destinée humaine que sont au regard du croyant, la création, le mystère du mal et de la mort, les promesses de la Résurrection – ce cycle de la vie et d'au-delà de la vie qu'il évoque curieusement dans l'avant-dernier volume de son *Journal sans date :*

> « Dieu des quatre saisons – et de cette cinquième : l'Éternité, devant laquelle je tremble de peur et d'impatience » (*BR,* p. 183).

De plain-pied avec les créatures

Nous avons fait allusion – en retraçant la vie de Gilbert Cesbron – à cette seconde conversion qu'il a connue, aux alentours de la quarantième année. En devenant chrétien, à vingt ans, il avait été fasciné par la personne du Christ, et voici qu'en accédant à l'âge mûr, il découvrait le Dieu-Père à travers la splendeur de la création.

On s'en doute, cette découverte a modifié profondément la relation qu'il entretenait avec les êtres et les choses. Comment ne pas aimer passionnément la création lorsqu'on la saisit dans sa relation au Dieu d'Amour? Telle fut la révélation de François d'Assise. La légende qui le représente « prêchant » aux oiseaux ou « convertissant » le loup de Gubio exprime seulement la nature très contemplative de sa relation à tout le créé. Toutes proportions gardées, l'intuition mystique de Cesbron après sa seconde conversion est assez analogue. On ne peut pas ne pas se passionner pour la création tout entière dès lors qu'on y perçoit le génie amoureux de Dieu.

> « Les cantiques qui nomment ce monde " terre d'exil " sont autant d'impostures, note Cesbron. Triste chrétien, celui qui n'aimerait pas avec passion ce doux " royaume de la terre " comme l'appelle tendrement Bernanos! » (*JSD*, p. 226).

Pour le croyant, la création peut être une voie d'accès vers Dieu. Mais non pas en elle-même. Si les Romantiques ont cru entendre Dieu à travers « la grande voix de la nature », c'est, en fait, parce qu'ils y cherchaient déjà l'écho du Créateur! La nature ne paraît chanter la Gloire de Dieu qu'à celui qui est déterminé à l'écouter comme telle. En soi, elle n'est pas missionnaire! Cesbron revient à plusieurs reprises sur ce sentiment de fraternité avec les créatures qui peut conduire à Dieu... à condition qu'on le cherche! Ainsi, il note dans son *Journal sans date :*

> « En juin, le soir, j'éprouve soudain la sensation d'être de plain-pied avec toutes les créatures. Comble de compréhension, d'ouverture, de fraternité. Certitude d'aller ensemble vers un même lieu, et que cet instant privilégié pourrait s'éterniser. Amour du bonheur des autres; oubli du sien dans le comble du leur; joie transparente. Une fois, j'éprouvai cela – même saison, même heure – tandis que je me trouvais dans un train, surplombant du regard

> champs et maisons à l'infini. C'était une sorte d'ivresse. J'aurais voulu mourir : j'étais sûr de retrouver aussitôt cela au centuple » (*JSD,* p. 67).

Grâce à ce texte on voit mieux ce que Cesbron entend par cette transparence qu'il mentionne à plusieurs reprises dans son œuvre : au regard du croyant, l'univers paraît transparent, en ce sens tout d'abord « qu'à travers lui », le dessein de Dieu devient évident.

> « Parfois, écrit-il, la certitude de Dieu m'éblouit, malgré son mystère et mes doutes, comme le soleil de midi malgré nos paupières baissées » (*JSD II,* pp. 109-110).

Et il est caractéristique qu'à partir de sa seconde conversion, c'est souvent le spectacle de la nature qui pour lui est révélateur de cette conviction. Évoquant la position matérialiste de Jacques Monod, dans un ouvrage qui avait fait quelque bruit à l'époque [1], il affirme :

> « Le mois de mai ridiculise d'un coup la théorie du " Hasard et de la Nécessité ". Au mois de mai, en France, le génie de Dieu vous prend à la gorge » (*BR,* p. 154).

Transparence et vie morale

On s'en souvient, outre sa dimension mystique, la transparence comporte des exigences morales, implique un changement d'orientation de l'existence. Dans ce domaine, Cesbron met clairement en relation la transparence et la Non-violence. Il avait été très frappé par les idées et la pratique de Gandhi, pour qui il ne suffit pas de purifier l'action mais encore sa source. Autrement dit il ne suffit pas d'éviter de commettre la violence et l'injustice

1. Jacques Monod, *Le hasard et la nécessité,* Le Seuil, Paris, 1970.

– encore faut-il que les pensées et les sentiments les plus secrets en soient exempts. Bien loin que la fin justifie les moyens, l'efficacité de l'action est subordonnée à la qualité morale de son auteur.

Nous l'avons noté, ces convictions non violentes se sont trouvées aiguisées encore chez Cesbron par sa foi en la Communion des Saints. S'il y a « réversibilité des mérites », comme disent les théologiens, c'est-à-dire si les qualités des uns peuvent compenser les défauts, voire les turpitudes des autres, le souci de perfectionnement moral n'a plus rien de narcissique et prend de soi une dimension collective et altruiste.

Nous avions noté aussi naguère l'aspect missionnaire de cette transparence. Comme les militants d'Action catholique des années 50, Cesbron est convaincu qu'il n'est pas de plus sûr moyen de répandre l'Évangile que d'évangéliser sa propre vie et de rendre celle-ci transparente à l'action de Dieu. Cette conviction est partagée par la plupart des apôtres qu'il met en scène. Ainsi le Père Pierre des *Saints vont en enfer,* à la suite d'un Charles de Foucauld, cherche moins à prêcher ou à catéchiser qu'à être présent dans le terrain de la mission. Telle était aussi l'attitude du Dr Schweitzer qui a eu une si forte influence sur l'évolution spirituelle et morale de Cesbron. Il est clair, enfin, que le souci missionnaire de Thérèse de Lisieux ne se manifestait pas autrement. Du reste, pour Cesbron, la transparence absolue est la définition même de la sainteté, et cela bien davantage – nous l'avons vu – que le souci de perfection morale. Les saints ne sont pas parfaits, mais ils aiment Dieu à la folie! Et cette folie les conduit au dépouillement le plus héroïque. La première Béatitude – bienheureux les pauvres – « communique » avec toutes les autres, et notamment avec la sixième, la Béatitude des cœurs purs et transparents.

La création et les créatures

Est-il besoin de préciser que cette nouvelle conversion ne « chasse » pas les effets de la précédente! Pour avoir découvert les fastes de la Création, Cesbron ne renie pas pour autant la rencontre chaleureuse du Christ et des autres. Une nouvelle dimension s'y ajoute désormais, qui la met en perspective. Gilbert Cesbron en est convaincu :

> « Si Dieu nous a remis la Création pour domaine, il nous a donné, combien plus précieuses, les créatures – et chacune d'elles est un monde » (*LB,* p. 109).

L'Amour de la Création n'est pas une contemplation d'esthète. Avoir le sens de la Création, c'est, si peu que ce soit, partager le sentiment du Créateur pour son œuvre – ce Dieu qui aux yeux de Cesbron est bien moins le « Grand horloger de l'Univers », qu'un être d'infinie tendresse. De fait, si « Dieu est Amour », comme dit saint Jean, don total, douceur et patience infinies, on peut dire qu'il est *mère* tout autant que père (et Cesbron ne s'en prive pas). Une fois de plus, les mots humains sont inadéquats pour exprimer le mystère. On s'en souvient, Cesbron n'hésite pas à retraduire les termes théologiques ou liturgiques pour les rendre plus proches de son expérience cordiale de la foi.

Il a vite oublié la formule du catéchisme : Dieu a créé l'Univers « pour sa gloire », et lorsqu'il la retrouve à l'âge adulte, elle prend pour lui un sens nouveau :

> « Cette fameuse *gloire* de Dieu, c'est seulement de l'Amour réfracté. Nous sommes la gloire de Dieu » (*BR,* p. 20).

« La gloire de Dieu, c'est l'homme vivant », disait déjà saint Irénée. Au sommet de la hiérarchie des créatures, l'être humain célèbre mieux qu'aucune autre la générosité de l'amour créateur.

Ainsi donc, cette volonté de transparence, qui est la plus pure réponse de la créature à la tendresse de son Créateur, amène le croyant à se tourner avec sympathie vers la création et plus encore les créatures. Dans une page étonnante d'un de ses premiers essais, Cesbron montre comment la tendresse, le sens de la création, la volonté de partage, peuvent amener le chrétien à découvrir dans le monde des sources cachées, de mystérieux dédales. Au regard de la foi, au souffle de la prière, l'univers prend signification, le religieux se situant non pas à côté ou au-delà de l'humain, mais en plein cœur de celui-ci. Ce regard de foi ouvre des perspectives vertigineuses sur la Création, et multiplie nos tendresses émerveillées :

> « J'observe avec effroi et compassion, j'essaie de considérer avec amour et amitié, un wagon de métro à six heures du soir. Tous ces êtres dont chacun pense, se souvient, calcule, prie, aime, hait – presque à la fois... Chaque regard qui semble se perdre fabrique ses images, passées ou à venir, fidèles ou fausses. Et, bien sûr, l'Orgueil, la Vanité, l'Envie, l'Égoïsme sont les régents impérieux de toutes ces âmes. Mais descendons plus bas : pareils aux compagnons de Cousteau, explorons à notre tour ces gouffres inconnus.
> Voici la Compassion secrète et, comme une lueur au fond d'une grotte, la Pitié, la Pitié tremblante. Voici le Courage qui s'ignore lui-même, et la Fidélité, seule victoire sur le temps. Voici l'Amour, diamant dont les faces ne peuvent se compter – oui, dans les ténèbres de la solitude et du désespoir, l'Amour brut comme un diamant dans le charbon aveugle...
> De tous ces inconnus du métro dont l'odeur et l'haleine nous incommodent, pas un, sans doute, dont le cœur ne batte plus vite au prononcé d'un certain prénom, au souvenir d'une certaine date... Pas un qui n'ait pensé un jour : " Non! si l'un des deux doit souffrir, que ce soit moi!... Que je tombe malade, mais qu'elle guérisse!... Que je meure, mais qu'il vive!... " Toutes ces prières, formulées ou non; cette certitude enfantine qu'une pensée constante suffit à protéger celui qu'on aime; cette fidélité sans espoir, par-delà l'espace et le temps; ces marchés naïfs proposés au Ciel, naïfs mais où l'on s'offre à payer comptant; ce dialogue incessant et muet de chacun avec

> les créatures qu'il aime et avec son Créateur, même s'il l'ignore – tout cela, C'EST LE VRAI MONDE DU SILENCE! Et il est à la fois donné et demandé à chacun de nous de l'explorer sans cesse. Et ses trésors jusqu'à la fin des temps, renouvelés, inépuisables, ses fragiles merveilles, sont plus précieux encore que ceux de cette Création dont notre siècle atteindra bientôt les bornes... (*LB,* pp. 109-110).

A ce regard, les frontières entre croyants et non-croyants s'avèrent poreuses. Dieu n'est pas la chasse gardée des esprits religieux. Il est au cœur de chaque créature, suscitant ses plus purs élans. Il est en lien avec tous les humains, que ceux-ci reconnaissent ou non son existence. Et Cesbron remarque à ce sujet dans son dernier livre que l'adage « Dieu reconnaîtra les siens » est une parole sacrilège. Tous sont de Dieu! « Si nous le croyions vraiment, ajoute-t-il, l'Église, et la Société tout entière, et l'Histoire en seraient changées. Il ne s'agit pas de prétendre reconnaître ceux que Dieu aime, mais de découvrir humblement ce qu'il aime en chacun » (*UDA,* p. 88).

CHAPITRE 11

LE POIDS DU MONDE

Le spectacle de la douleur du monde

Si – nous venons de le voir – tout un versant de l'œuvre de Cesbron célèbre le chant du monde, hymne de louange et de reconnaissance devant la splendeur de la création, la souffrance et le malheur semblent davantage présents dans ses livres. Sans doute, par son tempérament et son expérience personnelle, Cesbron est-il plus sensible au tragique de l'univers qu'à ses aspects rayonnants. Nous avons fait allusion, en retraçant sa biographie, à ses précoces dispositions à la compassion. On aura remarqué aussi la rupture qu'introduisit dans son existence la mort d'une mère tendrement aimée.

C'est la mort de la « mamita » qui a fait de Cesbron un écrivain et un croyant, comme si la foi et l'écriture romanesque prenaient le relais de cette tendresse brutalement arrachée. Comme si, désormais, ce deuil devait trouver écho dans toutes les souffrances des créatures.

On notera que Cesbron parle toujours de compassion et non de pitié. A la différence de cette dernière, la compassion procède du sentiment de la fondamentale égalité entre tous les humains. L'étymologie l'indique bien : la compassion est partage, dialogue à part égale; alors qu'il y a toujours quelque condescendance dans la pitié : avoir pitié, c'est se pencher sur la détresse, c'est accorder un peu de son intérêt (et parfois non sans arrière-pensées égocentriques) plus que se sentir partie liée avec ceux qui souffrent. Une belle page du *Journal sans date* célèbre sans ambiguïté cette disposition :

> « Pitié, compassion, etc. – Une vieille dame aux mitaines soigneusement reprisées. J'éprouve envers elle de la considération. Elle est Quelqu'un, et pleinement mon égale. La COMPASSION ne serait-elle pas la souffrance qui naît pour nous de toute rupture (extérieure, injuste) de l'Égalité fondamentale? Souffrance accompagnée – et atténuée – par notre désir de rétablir l'équilibre entre le malheureux et nous par le don ou l'abandon volontaire. La PITIÉ étant seulement la souffrance égoïste et imaginaire née de ceci que je me mets à la place de l'autre (mais c'est moi que j'y mets...) (*JSD,* p. 213).

Dans le même ouvrage, une image caractéristique est porteuse de la même idée :

> « Le chrétien, écrit Cesbron, est pareil à un homme qui se réveille après une grave opération et prend progressivement conscience, par la douleur, de l'étendue de son corps. L'humanité tout entière est notre corps » (*JSD,* p. 240).

On ne saurait dire plus clairement que la compassion est partage, sentiment d'une appartenance commune à une même humanité. Tel est, pour le chrétien Gilbert Cesbron, le sens de la philanthropie. Rien, là encore, d'une vague sensibilité généreuse à la manière romantique! En parlant ainsi, Cesbron a le sentiment de se situer en plein cœur du message évangélique. Au point, on s'en souvient, qu'il n'hésite pas à gloser en ces termes la troisième Béatitude : « Bienheureux ceux qui pleurent... Qui pleurent de douleur, mais aussi qui pleurent de compassion à cette douleur » (*JSD,* p. 250). Cette compassion, ces larmes partagées lui sont si essentielles qu'elles s'identifient quasiment pour lui avec le sentiment d'exister :

> « Un fleuve de larmes, écrit-il, me relie à Dieu à travers la douceur et la passion du Christ; un fleuve de larmes, à mes amours, à mes frères, à mes morts. Ce ne sont pas des larmes de douleur, ni de joie : d'étranges larmes *d'être* » (*JSD II,* p. 93).

Être religieux, c'est être ainsi relié par-delà le temps et l'espace. Ces larmes-là sont donc moins l'expression d'un sentiment, qu'un moyen de communication!

Il n'empêche que Cesbron paraîtra davantage accordé à la douleur qu'à la joie du monde :

> « Homme de larmes, je n'ai très longtemps été que cela, rameutant sans cesse mon troupeau de douleurs. Je sais qu'aux yeux de beaucoup, les joies sont plus évidentes, plus nombreuses; pas pour moi. Les souffrances des autres, corps et âmes, s'agglutinent à moi comme la limaille à l'aimant, je n'y puis rien. Certains matins, c'est lourd; ne parlons pas des soirs. Et chaque homme qui souffre est l'ambassadeur d'un peuple innombrable : un malade nous met au cœur tous les hôpitaux du monde; un enfant qui meurt de faim, des continents entiers; et même un chien perdu... On devient à la merci d'une rencontre, et c'est justice. Peut-être n'est-ce qu'une question de regard; pourtant, je porte avidement le même à la recherche de leurs joies. Mais il m'a toujours semblé que c'étaient de tout petits bonheurs, à peine perceptibles, qui devaient faire équilibre à ces grands déchirements insupportables; et qu'ainsi la balance était peut-être juste, en fin de compte, mais que nous ne pouvions pas nous en aviser à temps.
> Dans le plateau de la joie, il faudrait aussi verser l'émerveillement devant les choses de la nature. Je ne l'ai ressenti que très tard, à quarante ans passés, mais alors passion-

> nément. La vérité est qu'il faut parvenir à vivre à la fois dans l'enchantement de la création et dans la compassion des créatures. Il l'aurait fallu! Malheureusement, je crois bien que j'ai une âme au-dessus de mes moyens » (*DLA*, pp. 246-247).

On remarque que dans cette page, la compassion est présentée moins comme le corollaire d'une conviction religieuse que comme une donnée du tempérament (« je n'y puis rien »). Toutefois, il est clair que si le regard de Cesbron est plus spontanément attiré par le spectacle de la douleur que par celui de la joie, c'est bel et bien son sens de la solidarité qui l'amène à deviner toute la partie cachée de l'iceberg, à imaginer toutes les douleurs que ces rencontres ne font qu'évoquer.

Cependant, la compassion n'est pas une caractéristique génétique dont on ne pourrait que constater la présence ou l'absence chez un individu. C'est une vertu qu'il est possible à chacun de développer, voire d'éduquer en lui-même. De fait, il est des pages de Cesbron où la compassion est évoquée en termes volontaristes, comme un idéal à réaliser au nom de l'Évangile. La compassion n'est pas toujours donnée : il est des cas où il faut l'apprendre!

> « La charité profonde, note Cesbron, dans une page restée inédite, requiert d'avoir pitié de ceux qui ne requièrent précisément aucune compassion : les riches, les puissants, et même les provocants, les tyrans, etc. Mais ce n'est qu'une seconde étape; elle ne mène à rien si l'on brûle la première : les petits, les pauvres, les sans-défense. »

Dans l'apprentissage progressif de la compassion, les étapes sont balisées par l'Évangile lui-même, et l'on commettrait les plus graves erreurs (pour ne pas parler de fautes) en se donnant d'autres itinéraires ou d'autres échelles de valeur. C'est pour avoir mis si longtemps à affirmer son « option préférentielle en faveur des pauvres » que l'Église catholique a si longtemps erré dans une humiliante soumission à l'égard des puissants. On se souvient des pages brûlantes que Cesbron écrit sur ce thème, à la veille et au lendemain du Concile Vatican II.

Outre ces étapes dans l'apprentissage de la compassion, Cesbron, dans une page restée inédite, remarque – à la manière de Pascal – qu'il y a plusieurs « ordres » de compassion : celle des corps, des cœurs, des esprits et des âmes. En d'autres termes, on peut être sensible à la souffrance physique, à la détresse morale ou spirituelle. On peut s'efforcer de porter remède concrètement à la souffrance des corps à la manière des philanthropes qui viennent en aide aux malades, ou aux sans-abri. On peut aussi s'engager intellectuellement ou affectivement dans l'aventure du partage, en s'impliquant personnellement dans son action comme l'abbé Pierre ou le Dr Schweitzer : c'est l'ordre des cœurs et des esprits. Mais on peut aussi engager toute son âme dans la compassion, et à la façon de Thérèse de Lisieux, tenter d'améliorer le sort d'autrui par sa prière et ses efforts de sanctification personnelle. Il est clair que ce dernier type de compassion n'a de sens que pour le croyant. Cesbron n'hésite pas à affirmer qu'elle est « la plus efficace » – alors que la compassion des corps « nous est la plus accessible ».

Peut-être aussi faut-il entendre par « compassion des âmes » une certaine sensibilité à la détresse spirituelle, même si elle est motivée par un refus haineux de la foi. Une telle compassion amènera à souffrir non seulement avec les hommes mais aussi avec Dieu. A ce propos, Gilbert Cesbron écrit curieusement dans son *Journal sans date :*

> « Notre croix est faite de deux parts (...) : tous ceux qui souffrent et tous ceux dont Dieu souffre » (*JSD,* p. 167).

On sait, par exemple, combien Thérèse de Lisieux était peinée de sentir que « l'amour de Dieu n'est pas aimé ». Toutes proportions gardées, Cesbron (dont, on l'a vu, la spiritualité est très influencée par celle de la petite carmélite) semble avoir éprouvé lui aussi une certaine perméabilité à ce refus de Dieu par certains hommes qu'il rencontre. Sa foi le rend aussi sensible à la présence de Dieu au monde, notamment dans le cœur des croyants, qu'à son refus :

> « Tantôt c'est la présence, tantôt l'absence éclatante du Christ qui nous éblouit » (*JSD*, p. 258).

écrit-il encore dans le *Journal sans date.*

Dans une autre page du même livre, en analysant sans complaisance les sources de son œuvre et de son action, il évoque ce rôle moteur, créateur, de la compassion :

> « Tout ce que j'ai écrit, tout ce que j'ai fait, j'ai longtemps cru que c'était pour gagner un match-défi contre moi-même. Je me trompais. C'était uniquement – je le sais à présent – pour lutter contre le désespoir, mon ennemi, mon démon. Contre le désespoir né du spectacle de la Douleur du monde » (*JSD*, p. 164).

Que notre foi soit un sursaut d'amour

Cesbron en est convaincu : si spontanément son tempérament le pousse à une vision pessimiste – pour ne pas dire désespérée – la foi met les choses en perspective et donne à l'univers une tout autre signification – la foi dont on a vu qu'elle est, à ses yeux (comme au regard de presque toute la tradition chrétienne), une démarche volontaire, mais non pas gratuite pour autant. La foi qui, dans la prière comme dans l'action, est pour lui référence à la personne du Christ et notamment à la « face de douleur » de Jésus pendant sa Passion, résumé de toutes les souffrances en même temps que promesse de résurrection :

> « Il nous faut partir de la face de douleur, qui est celle du monde, et que, sans cesse, notre foi la transfigure. Il nous faut la contempler si fort, les yeux clos par la prière, qu'une fois les yeux ouverts, nous ne cessions plus de la

voir en surimpression sur chaque créature – comme il advient quand on a fixé une lumière éblouissante. Il faut que notre foi soit un sursaut d'amour par-dessus le doute de l'esprit, par-dessus les démentis incessants que nous oppose le monde. Il faut, il faut... » (*DLA,* pp. 261-262).

Un échange de la pièce *Il est minuit, Docteur Schweitzer* semble contredire cette prise de position, le médecin (et théologien!) protestant affirmant à un interlocuteur athée que la compassion n'appelle pas nécessairement une attitude religieuse. Du moins, dans ce domaine, la référence au Christ n'exige-t-elle pas qu'on ait foi en sa divinité. C'était la position du « protestantisme libéral » dont se réclamait Albert Schweitzer. Mais, curieusement, c'est le personnage du Père Charles (dans lequel on reconnaît aisément le Père de Foucauld) qui soutient ce point de vue :

> SCHWEITZER – D'ailleurs que Dieu existe ou non, le visage d'un homme qui souffre est le même et il me serre le cœur. L'habit noir d'un enfant orphelin; les yeux gonflés de fatigue d'un ouvrier qui sort de l'usine et jette son corps épuisé sur la banquette du train, comme un sac d'outils; le vieil homme endimanché qui, d'instinct, choisit le siège le plus dur, s'assied au bord et attend d'être reçu... Oh! Leblanc les êtres sans défense (ils me trouveront toujours sans défense...)
>
> LEBLANC – C'est que vous voyez le Christ en eux!
>
> LE PÈRE CHARLES – Même s'il n'avait été que le mystificateur dont vous parliez, il suffit qu'on l'ait battu, condamné, crucifié : je le prends dans mes bras, mon grand frère malheureux... (*MDS,* pp. 97-98).

Outre que rien n'oblige Cesbron à partager les sentiments et convictions de tous ses personnages, la contradiction avec ses propres déclarations est peut-être plus apparente que réelle. Il est bien évident, en effet, que ce n'est pas par agnosticisme que le Père Charles s'exprime comme il le fait, mais au nom d'une tendresse pour la personne du Christ, qui est quasiment au-delà de la foi. Une fois de plus, Cesbron hagiographe réalise un pastiche presque « plus vrai que nature » des *Écrits spirituels* de son héros, où l'on trouverait, de fait, des déclarations analogues. Comme il le fera fréquemment dans *Ce que je crois,* il pose, ici encore, un raisonnement en « même si... » pour dégager le bien commun entre croyants et athées, laisser entendre que l'Évangile n'est pas la propriété privée des croyants, mais une référence pour tous les hommes. A un niveau strictement « laïc », chacun peut entendre, dans ce livre, un appel à la solidarité et à la philanthropie qui peut le conduire jusqu'à l'héroïsme. Pour sa part cependant, Cesbron se situe dans une perspective nettement plus mystique. Cela tient, nous l'avons dit, à sa conversion tardive et à la façon dont il a été amené à reconstruire personnellement sa foi « autour de la personne du Christ » au lieu d'adhérer globalement à un ensemble de dogmes prédéfinis.

Abandonner le bonheur et choisir la joie

La compassion, on le voit, est une composante essentielle de la personnalité religieuse et humaine de Gilbert Cesbron. Sans doute considérerait-il, à la manière de Camus, qu'il est impossible d'être en repos, tant qu'un seul de ses congénères est malheureux. Et d'autant plus qu'il voit Dieu en filigrane de tous les visages humains. En cela, il s'apparente au peintre Georges Rouault qui, à larges traits noirs, profile toutes les misères humaines et aussi leur poignant air de famille. Aussi divers qu'ils soient – prostituées avilies, bourgeois suffisants, sujets religieux – tous les modèles du peintre ont le même regard de détresse. Et toute son œuvre se condense, semble-t-il, dans cette image du Christ abandonné de tous – *Derelictus* – qui, on s'en souvient, avait si profondément marqué Gilbert Cesbron. Ce dernier, du reste, a bien conscience de sa profonde parenté spirituelle avec le peintre :

> « Certains jours, j'ai l'œil Rouault : je ne vois que le grotesque et l'injuste, que le Christ bafoué en tant de créatures » (*JSD II,* p. 215).

Celui qui pose un tel regard sur le monde s'en trouve lui-même profondément transformé. Toute sa vie affective – et sa vie tout entière, du reste – se trouve marquée par cette fondamentale compassion. C'est en ce sens que Cesbron note, dans l'un des derniers volumes de son *Journal sans date :*

> « Il ne saurait y avoir de chrétiens heureux. Joyeux, oui; remplis d'espérance, oui; heureux, non » (*BR,* p. 211).

Cette affirmation paradoxale se trouve explicitée dans un dialogue imaginaire entre le Dr Schweitzer et son infirmière :

> « MARIE, *d'une voix un peu altérée :* Connaissez-vous aussi des remèdes pour l'âme, docteur Schweitzer?
>
> SCHWEITZER, *lentement :* En voici un qui m'a préservé jusqu'à ce jour... ce jour de mes quarante ans! Jamais je ne me suis soumis à la nécessité d'être un homme raisonnable.
>
> MARIE : Quoi?
>
> SCHWEITZER: Je l'avais juré dans ma jeunesse. J'entendais les grandes personnes parler de leur idéal et de leur enthousiasme comme d'enfants qui seraient morts. La terreur m'a saisi de leur ressembler un jour. Alors j'ai résolu de traverser la vie avec une âme... intacte!
>
> MARIE, *un peu ironique :* Et cela vous a donné le bonheur?
>
> SCHWEITZER, *après un instant :* Nous sommes en pleine nuit, en pleine brousse et seuls; et pourtant j'hésite à vous confier cette vérité que j'ai mis tant d'années à accepter : le bonheur, ça n'existe pas.
>
> MARIE, *criant presque :* Je ne vous crois pas!

SCHWEITZER: Vérité qui s'apprend, mais ne s'enseigne pas!

MARIE, *même jeu :* Et moi, je suis sûre que le bonheur existe!

SCHWEITZER, *impérieusement :* Oui, oui. Mais, si vous êtes digne de lui, vous comprenez alors que vous n'y avez pas droit, qu'il vous faut assumer une part du fardeau de la douleur du monde... *(Silence.)* Alors vous abandonnez le bonheur et vous choisissez la joie... » (*MDS,* pp. 19-21).

« La joie, disait Bergson, c'est le signe que la vie réussit. » Gilbert Cesbron ratifierait volontiers cette proposition en pensant essentiellement à la vie spirituelle. La joie, c'est la certitude d'avoir choisi sa vie conformément aux valeurs les plus essentielles. Sans doute ce choix entraîne-t-il, le plus souvent, des sacrifices et des renoncements. Parfois, il a pour prix le confort, la santé, voire la vie de son auteur. Autant de manières d'abandonner le bonheur. Mais dans le naufrage de son bien-être, l'homme de foi qui a eu le courage de faire ces choix difficiles y trouve une satisfaction qui se situe au-delà du sensible ou de l'affectif.

« Le christianisme, écrit Cesbron dans son dernier livre, est une " grille " que l'on pose sur le monde pour le déchiffrer » (*UDA,* p. 78). Précisément, cette « grille de lecture » permet d'assumer toute la douleur du monde et d'échapper au désespoir né du sentiment de l'absurde, en mettant toutes les souffrances en référence malgré tout à un amour essentiel :

> « La bonne nouvelle que les chrétiens ont à transmettre au monde, de la part de qui vous savez, c'est que ce monde n'est pas absurde, que toute vie peut devenir vivable et même joyeuse : parce que ce dont le manque nous tue depuis l'enfance, à savoir d'être aimé inconditionnellement – eh bien, c'est fait, à jamais! » (*BR,* p. 161).

Il n'y a pas là consolation à bon marché. Et de savoir tous les hommes aimés de Dieu éperdument, malgré tout et quoi qu'il arrive, cela n'a rien de « démobilisateur » aux yeux de Cesbron. Bien au contraire, nous l'avons vu, c'est une incitation, une impulsion à agir. Dans *Libérez Barabbas* (1953), commentant le suicide d'un chômeur de cinquante-sept ans qui ne parvient pas à retrouver du travail, Cesbron remarquait déjà :

> « Qu'y pouvons-nous?
> TOUT! C'est la seule réponse chrétienne, la fulgurante réponse de Noël : TOUT! C'est pour que les siens, à travers les siècles des siècles, fassent cette réponse qu'Il est venu vivre et mourir parmi nous autres » (*LB*, p. 20).

Si toute une aile du christianisme, autrefois (et sans doute aujourd'hui encore) a prêché la résignation, la soumission, à l'égard du malheur – quelle que soit son origine : les cruautés de la nature comme l'injustice des hommes – il semble bien que la majorité des chrétiens de ce temps ait une tout autre vision des choses. Bien loin de se résigner pieusement, ils remuent ciel et terre – c'est le cas de le dire – pour faire reculer la souffrance sous toutes ses formes – et cela, précisément, pour l'honneur de Dieu. La sanctification personnelle cède le pas au sens des responsabilités humaines, et la compassion se fait action. Parfois, cela ne va pas sans une certaine véhémence. Ce qui fait dire à Cesbron, en une formule imitée de Péguy et de Mounier (« la révolution sera morale ou ne sera pas ») :

> « Les saints de cette époque seront révoltés ou ne seront pas » (*UMEM,* p. 112).

De fait, il est difficile de trouver son chemin entre l'acceptation et la révolte, « le refus et l'invocation » comme disait Gabriel Marcel : l'action au service d'autrui et l'offrande priante devant Dieu. Cette fois encore, Cesbron ne prétend pas formuler des dogmes en béton, et ses options s'expriment sans anathème à l'égard de ceux qui, en conscience, posent des choix différents :

> « Il y a des choses qu'il faut supporter pour l'amour de Dieu, et d'autres combattre pour l'honneur de Dieu. Elles se ressemblent parfois; et certains peuvent de bonne foi les classer ici, et les autres là » (*BR*, p. 176).

Ce dont Gilbert Cesbron est certain, en revanche, c'est que jamais la foi ne doit être un alibi, la justification commode du statu quo, la bénédiction de nos lâchetés et de nos démissions. On se souvient avec quelle verdeur, il dénonçait, dans un de ses premiers essais, le « providentialisme » rangé parmi les plus redoutables des tentations qui guettent le bourgeois chrétien. Il n'est sans doute pas inutile de citer cette page qui éclaire bien sa position à l'égard de ce qu'on appelle souvent – non sans maladresse, sans doute – le « problème du mal » : car avant d'être un problème pour l'esprit, le mal, pour ceux qui en sont les victimes, est un drame pour le corps, le cœur et l'âme : ils souffrent dans leur chair ou leurs sentiments et, quand ils sont croyants, ont parfois l'impression d'être oubliés de Dieu dans leur épreuve.

> « Dans un monde où la grande et peut-être même la seule affaire des hommes est de paraître avoir raison, les chrétiens risquent de devenir les champions de ce sport misérable s'ils mettent Dieu dans leur jeu : s'ils s'en réfèrent, en dernière instance, à cet arbitre à la fois irréfutable, exclusif et muet. Car Dieu n'est pour beaucoup, à leur insu, qu'un partenaire commode. “ Prenez garde, avertissait déjà saint Paul, on ne se moque pas du Dieu vivant... ” On dirait aujourd'hui : Pas de dialectique avec le Ciel!
> Il faut donc mettre en garde le (...) chrétien contre la tentation (...) du grand philosophe Pangloss : que “ tout est pour le mieux dans le meilleur des mondes ”. Ce qui, en langage dévot, se traduit : Tout ce qui advient est providentiel...

Ce beau réflexe est de ceux par lesquels, avec les intentions les plus pures, tant de chrétiens recrutent des ennemis au Christ. Car, grossièrement entendu, cela revient à dire que Dieu veut la guerre, la peste, que des enfants meurent de froid, que des petites filles soient violées et égorgées, etc. Bref, ces catastrophes et ces faits divers (que le public déchiffre chaque jour avec autant d'insatiable curiosité que le visage d'un cadavre récent) seraient l'œuvre de Dieu. " Tout est providentiel " : c'est l'argument de ceux qui ne croient en Lui que pour Le haïr » (*LB*, pp. 221-223).

A l'opposé de cette trop facile théologie du Dr Pangloss, Cesbron estime qu'il ne faut pas « faire l'impasse » sur la dimension accablante, voire révoltante du mal. Toute son œuvre romanesque et journalistique en témoigne. Et si la certitude, finalement, l'emporte en lui sur le désespoir, ce n'est pas au terme d'un raisonnement, mais grâce à une conviction plus forte que les idées. Plutôt que de parler – en intellectuel! – du problème du mal, il préfère le terme de mystère qui, à ses yeux, rend mieux compte du caractère dramatique et incompréhensible de la souffrance des hommes : l'esprit humain bute et se blesse contre les mystères – probablement parce que ceux-ci manifestent des réalités qui ne sont pas « de son ordre ».

Du reste, c'est bien en ce sens que la théologie catholique emploie ce terme de mystère : la Trinité, l'Incarnation, la Rédemption sont autant de dogmes révélés par l'Écriture et la Tradition mais qui demeurent inaccessibles à la raison. Dans *Ce que je crois,* il exprime très clairement sa position à l'égard du péché originel et du mal – et l'on notera que ce mystère des mystères est pour lui comme à l'origine de toutes les autres données du christianisme :

« Le visage du monde m'a toujours paru comparable à celui d'un homme qui a eu ce qu'on appelle si bien une " attaque " : défiguré, tragiquement figé dans une grimace absurde et dont il n'a plus conscience, reconnaissable et pourtant étranger. L'humanité, elle aussi, a subi une attaque du mal, et elle en demeure effrayante. Il s'est passé quelque chose – mais quoi? Les explications qu'on nous en donne ne me satisfont pas. Je pressens seulement, pour le voir universellement à la racine de nos maux, que l'orgueil a dû y jouer son rôle. L'orgueil, c'est-à-dire l'amour démesuré de soi au détriment des autres : bref, le non-amour. Les autres mystères : Incarnation, Rédemption, Trinité, passent par la brèche ténébreuse qu'ouvre ce mystère des mystères, le Mal... » (*CQJC,* p. 187).

Cette position modeste peut paraître fataliste – le croyant se résignant à ne pas comprendre – un peu à la façon d'un Bossuet déclarant qu'entre la grâce de Dieu et la liberté de l'homme, il faut se contenter de « tenir les deux bouts de la chaîne ». En fait, aux yeux de Cesbron, la faillite de l'esprit ouvre d'autres voies. Si celui-ci s'avère impuissant à nous guider, le cœur peut-être pourra nous orienter et nous délivrer de l'angoisse. Dans une belle page de l'essai *Des leçons d'abîme,* Cesbron trouve ainsi des intuitions directrices pour conduire sa vie :

« Que s'est-il donc passé pour que ce monde où nous vivons soit aussi celui du mal et du malheur? Là encore, les théologiens et les récits de la Bible ne me sont d'aucun secours; mais parfois, mi-février ou mi-novembre, levant les yeux au ciel, j'y vois de gigantesques combats de nuées, j'y vois la lumière aveuglée puis triomphant de nouveau, orages et gloires mêlés – et je pressens que l'Amour et le mal se sont livré de pareilles batailles au-dessus de nos têtes. Mais je sais que le soleil se lèvera demain et que la mort n'est qu'une mauvaise nuit à passer. Dieu est Amour; tout ce qui est amour en nous vient de lui et, dans le navrement du monde, " crie Abba, c'est-à-dire Père... " » (*DLA*, p. 241).

Dans *Ce que je crois,* Cesbron affirmait dans le même sens :

> « La définition de saint Jean : " Dieu est Amour " est l'équation fondamentale. Comme la célèbre formule d'Einstein E = mc² constitue, paraît-il, la clé de l'univers, ces trois mots fournissent à mes yeux la seule solution à l'énigme de l'humanité » (*CQJC,* p. 189).

Soucieux de trouver un terrain d'entente avec les esprits non religieux, il notait que déjà, « sur un plan tout humain, le contrepoids, la réponse au mystère du mal, de la douleur, de l'injustice était (...) l'amour » *(ibid.).* La seule réponse sérieuse au malheur, c'est le dévouement, l'affection, un esprit de service efficace et en même temps chaleureux.

Dans son *Journal sans date,* il remarque aussi que cette action généreuse est de nature à nous délivrer du pessimisme, dans la mesure où elle ne constitue pas un moindre mystère que le mal!

> « Le monde offre un spectacle douloureux mais non pessimiste. Car le mal y est presque toujours explicable et le bien souvent inexplicable » (*JSD,* p. 108).

Si maintenant, on passe du registre humain au divin, on change de dimensions, mais les données demeurent identiques :

> « Ces mots prennent un sens majuscule, mais l'équilibre et le contrepoids demeurent les mêmes. Avec l'Incarnation, l'amour acquiert une dimension infinie donc inconcevable. On pressent alors (cela se nomme l'Espérance), que le Mal est vaincu à terme et que les chrétiens devraient être les garants de cette victoire et passer leur temps à le combattre dans la mesure de leurs moyens – ce qui se nomme la Charité. (...)
> Comme l'aimant, qu'on maintient sous un papier, condense et oriente visiblement la limaille éparse sur la feuille,

l'amour coordonne tous les mystères du christianisme » (*CQJC*, p. 189).

Autrement dit : c'est l'Amour agissant de Dieu qui est l'explication dernière de l'univers – de même que c'était l'active philanthropie des hommes les plus généreux qui pouvait faire pièce à l'absurde de la destinée et au malheur innocent.

CHAPITRE 12

LE PREMIER BONJOUR DU MATIN ÉTERNEL
Mort et résurrection

Sans doute ne s'étonnera-t-on pas de nous voir consacrer le dernier chapitre de cette étude de la spiritualité de Gilbert Cesbron à sa réflexion sur ce qu'en philosophie, on appelait autrefois le problème des « fins dernières » : la mort et l'au-delà.

Le temps est rond

En étudiant la biographie et l'œuvre de Cesbron, nous avons été frappés à plus d'une reprise, de voir à quel point il paraît angoissé par la fuite du temps. Certains de ses titres l'expriment clairement : *Avoir été, Il est plus tard que tu ne penses...* Indépendamment de leur portée symbolique, ils sont en eux-mêmes l'énoncé du drame de notre temporalité : le passé nous a fuis, nous laissant en face d'un avenir lourd de menaces : « Le temps passe. Cette grande vérité, qui a presque la noblesse d'une évidence, est la plus bouleversante découverte que puisse faire un humain! » note Cesbron (*CM,* p. 178). Cet apparent truisme énonce, en fait, tout le drame de notre condition : « Notre sang, notre vie coule irréparablement, irréversiblement », nous cloue parfois devant le mur du « trop tard », nous ravit nos plus chères tendresses. En un mot : « Nous (...) mourons du temps » (*JSD,* p. 71).

Sans doute, Gilbert Cesbron ressentait-il lui-même cette angoissante fuite du temps dans sa propre vie. Nombre de critiques lui ont reproché d'écrire trop et trop vite – au point de mettre en jeu la pérennité, sinon la qualité de son œuvre. Lui-même qui, on s'en souvient, avait un souci plus mystique qu'égocentrique de la « postérité », admettait volontiers ce grief, reconnaissant que son scrupule était surtout d'avoir le temps de « tout dire », de livrer au public tout ce qu'il était en mesure de lui communiquer :

> « Je ne suis pas assez patient pour être un bon écrivain. Le désir de tout dire m'aura empêché de le dire durablement. J'avais la hantise que le temps me manquât » (*JSD,* p. 50).

Cette angoisse du temps qui passe et de la mort qui guette n'est pas sans lien avec la biographie de l'écrivain, et notamment avec l'événement qui est à l'origine de sa vocation littéraire et de sa foi : la mort de sa mère. Nous avons déjà cité ce texte de jeunesse (1953) dans lequel il évoque ce souvenir, et que reproduit l'essai (au titre bien symbolique en l'occurrence!) *Une sentinelle attend l'aurore.* Dans ces pages, vingt ans après la mort de la « Mamita », Gilbert Cesbron retrouve intactes les émotions de son deuil. Et pourtant, remarque-t-il, il est parvenu exactement à l'âge où sa mère est morte :

> « Que la terre soit ronde, on nous l'assure; mais que le Temps soit rond, cela je le sais. Mon père, malade, devenait entre mes bras mon propre enfant; mes petits à moi grandissent à ma ressemblance; et moi j'arrive à l'âge où ma mère est morte : la boucle est fermée » (*SAA,* p. 87).

Dans la suite du texte, évoquant les réactions de ses propres enfants, Gilbert Cesbron souligne que c'est la rencontre de la mort d'un être cher qui met fin aux années d'insouciance :

> « Mes enfants ne savent pas encore que les Grandes Personnes, cela n'existe pas et que je suis seulement un enfant aux cheveux gris. Pour eux, le monde est une cour de récréation et vivre s'appelle jouer. Car mes enfants ne savent pas encore que la mort existe. Ils n'ont pas touché la statue de marbre, pas veillé le mannequin poudré de ce qu'ils aimaient le plus sur terre. La terrible paix du Seigneur, ils ne l'ont pas vue imposée au visage qui, pour eux, était le sourire du monde » (*SAA,* p. 87).

Ce thème de la mort d'un être cher, vécue par un enfant comme une épreuve initiatique, revient à plusieurs reprises dans les romans de Cesbron : *Les innocents de Paris, Notre prison est un royaume, C'est Mozart qu'on assassine...* Cette découverte, Cesbron l'a faite, pour sa part, à vingt ans et on a vu l'importance qu'elle a revêtue pour lui :

> « Par un soir de février, aux froides lumières de l'hiver des villes, j'ai perdu mon premier miroir, mon premier témoin. Ma mère est morte, j'ai accepté cet Espace entre nous et ce Temps, indéfinissable, j'ai rallié l'immense camp des survivants.
> Alors la mort s'est enhardie et, l'un après l'autre, voici qu'ils désertent tous, mes témoins, mes amours de la Terre, si fragiles. Ils ne me laissent que leur sourire énigmatique » (*SAA,* pp. 87-88).

Mais, de par sa foi, Cesbron n'en reste pas à ces constatations angoissées. La mort, il en est convaincu, n'a pas le dernier mot : ces morts inaccessibles l'« attendent ailleurs ». « Les deux plateaux de la balance semblent à égalité, écrit-il, pourtant l'un d'eux, l'invisible, penche, penche... Il l'emportera un jour » *(ibid.).* L'amour est plus fort que la mort et fait éclater toutes les limites. La certitude de la résurrection n'est pas tant pour Cesbron l'affirmation d'un dogme que la plénitude d'une tendresse :

« Malheur à ceux, égoïstes ou incroyants, pour qui ce monde ou l'autre est un désert! De quel droit ferions-nous un choix dans la Création du Père? TOUS VIVANTS, là-bas comme ici! ils sont tous vivants : ils ont tous besoin de notre amour » *(ibid.)*.

Vaincre la peur

On commettrait cependant un contresens en imaginant qu'en ce domaine, la foi de Cesbron est une certitude de béton sans la moindre faille ni le moindre mouvement de doute ou d'angoisse – telle qu'apparaît la foi d'un Claudel ou d'un Bernanos. Mais, surtout dans le cas de ce dernier, à étudier de près sa biographie, on découvre vite que cette impression procède d'une lecture hâtive et ne rend pas compte de la personnalité réelle de l'auteur. Il en va de même pour Gilbert Cesbron qui, à la façon de son héros Roland Guérin *(Entre chiens et loups)*, a mis beaucoup de temps à découvrir le courage et la paix de l'âme. Ce long cheminement, ce long combat avec soi-même apparaît parfois au détour de l'œuvre.

A la fin du recueil *Huit paroles pour l'éternité* (1978), un bref essai intitulé *J'avais peur (8PE,* pp. 327-349) fait le point *a posteriori* sur son évolution dans ce domaine (et il est significatif que le titre soit au passé). Dans ces pages qui gardent le ton de l'essai bien plus que de l'autobiographie, Gilbert Cesbron retrace sans honte ni forfanterie les éléments de réflexion qui ont guidé sa lente évolution en ce domaine : « J'ai vécu plus d'un demi-siècle dans la peur » (*8PE,* p. 327). C'est qu'en la matière, il ne s'agit pas seulement d'un phénomène psychologique personnel, mais d'un véritable « fait de société ». Aussi, l'auteur peut-il espérer que son expérience pourra être utile à d'autres et « risque de délivrer bien des consciences » (*8PE,* p. 327).

Au détour de l'analyse, se trouve évoquée la peur de la mort qui, à ses yeux, est peut-être à l'origine de toutes nos autres peurs :

> « Peur de mourir parce que c'est la seule aventure que, d'avance, on affronte seul; peur de mourir parce que c'est l'unique mystère que, nous le sentons bien, la Science sera impuissante à élucider; peur de mourir aussi à cause d'Edgar Poe et des siens, de ce chantage génial que tant de peintres et de poètes exercent impunément depuis tant de siècles – cette peur de mourir, qui ne l'a ressentie, à l'exception d'Abel? Qui ne la transporte au fond de soi tel un cancer? Oui, « longue et douloureuse maladie », la peur de la mort! et qui ne nous vaut aucune compassion puisque nous sommes tous condamnés. Quelle sorte de pitié un prisonnier peut-il attendre des autres détenus?
> Et c'est parce que, soleil noir, elle est au cœur et peut-être à la source de toutes nos autres peurs; parce qu'elle est la seule absolue, permanente, sans recours, tandis que les autres peuvent être transitoires, successives, guérissables – c'est pour cela qu'il nous faut nous colleter d'abord et délibérément avec la peur de mourir, pareils à un homme résolu qui, écartant les comparses, marche droit au meneur. Oui, la regarder en face, cette peur de mourir, l'apprivoiser ou la dompter, cette bête sauvage : car qui sait si, une fois celle-ci maîtrisée, nos autres peurs, de proche en proche, ne se guériront pas? » (*8PE,* pp. 342-343).

Outre son aspect de témoignage, cette page est intéressante par les allusions ou réminiscences qu'elle comporte à l'égard de l'œuvre de Cesbron. Dans sa pièce *Mort le premier,* publiée en 1970, Gilbert Cesbron évoquait le drame de la mort d'Abel – le premier mort de l'humanité – qui entraîne une douloureuse prise de conscience chez ses congénères. De même, l'expression « la regarder en face » a servi de titre au dernier essai de Cesbron, publié de façon posthume en 1982. Il exprime bien cette attitude très volontariste dans la conduite de sa vie, dont nous avons rencontré de nombreuses manifestations. En outre, l'expression « longue et douloureuse maladie » appliquée à la peur de la mort prend un relief saisissant quand on songe au cancer qui a emporté Gilbert Cesbron quelques mois plus tard.

« La regarder en face », se guérir de la peur de la mort, pour Cesbron ce n'est pas – ou pas essentiellement – un effort de maîtrise de soi à la manière stoïcienne. Il s'agit moins de « self-control », que d'une conversion proprement religieuse qui prolonge et affermit la découverte émerveillée de ses vingt ans. On voit bien s'amorcer ce mouvement dans une page demeurée inédite :

> « La grande affaire de la vie est d'apprivoiser la mort; et la meilleure façon d'y parvenir est le double chemin que nous trace l'Évangile : esprit d'Enfance, esprit de Pauvreté! »

Cette paix que Gilbert Cesbron a progressivement découverte, cette paix qui peu à peu l'a libéré de toutes ses peurs, c'est la « paix des enfants de Dieu », bien plus qu'on ne sait quelle « force d'âme » cornélienne. C'est moins une disposition psychologique que la résultante d'une vie évangélisée. Une page du *Journal sans date* présente un portrait assez précis de cette paix qui intéresse le corps, le cœur et l'âme :

> « Finalement, le souhait le plus profond, la prière exemplaire, c'est la parole que le Christ recommande à ses apôtres de prononcer en pénétrant dans toute maison : " La paix soit avec vous! " Non pas la paix des coffres pleins et des serrures fermées, mais une paix vigilante, conquérante, agissante. Paix profonde, paix à trois étages : celle du corps, qui est santé et pureté; du cœur qui est sympathie et absence d'envie; de l'âme, qui est amour et absence de toute peur. Cette paix dont l'intérieur de certaines églises donne l'image et la mesure, par son équilibre, son silence, sa pérennité, son secret et tout ensemble son ouverture. Je connais une statue de Marie enceinte, aux yeux clos; elle incarne mystérieusement cette paix-là » (*JSD II,* p. 165).

Si toutes les peurs communiquent entre elles et résultent de la peur de mourir, toutes les formes de paix semblent aussi en relation dynamique, car la paix dont il s'agit ici est « vigilante, conquérante, agissante ». Reflet d'un certain style de vie et d'action plutôt qu'état permanent et définitivement acquis. De même que Bernanos affirmait qu'on s'ouvre à la vérité « de haut en bas » (autrement dit : c'est l'élan mystique qui déclenche la purification de l'agir et non l'inverse); de même, pour Cesbron c'est vraisemblablement la paix de l'âme qui entraîne les autres formes de paix. Et précisément cette paix se caractérise par l'amour et l'absence de peur. L'un ne va pas sans l'autre. A la suite de saint Jean dont il se sent très proche, Cesbron est convaincu que « le parfait amour bannit la crainte [1] ». Une attitude de tendre confiance à l'égard de Dieu, qui résulte de la foi, est inconciliable avec la peur. Rien de moins janséniste que la religion de Cesbron! Dans l'essai *J'avais peur* que nous citions tout à l'heure, il reprend cette idée qui semble avoir pour lui la force d'une évidence :

> « Qu'est-ce que cela peut bien signifier " avoir peur de Dieu "? – De son jugement, des flammes de l'enfer? Quel enfantillage! Quelle inconséquence surtout, puisque Dieu est Amour et que nous sommes libres. Notre fin dernière, notre destin éternel coule entre ces deux falaises : son amour et notre liberté. Libre de refuser l'Amour, même face à face, cela oui; mais que l'Amour nous refuse, nous exile, cette seule pensée me paraît sacrilège » (*8PE,* p. 342).

En fait, « la seule vraie peur de Dieu, la terrifiante, l'arme secrète de Satan, c'est la peur qu'Il n'existe pas » *(ibid.)*. Cesbron est trop humain pour traiter par le mépris cette angoisse qui a torturé les plus grands mystiques. Lui-même a sans doute été visité par le doute, dans lequel il voit moins un obstacle à la foi qu'une de ses manifestations paradoxales. Une fois posée cette exception, il peut donc affirmer avec force qu'« en dehors du

1. 1re épître de Jean 4,18.

Doute, “ avoir peur de Dieu ” ne signifie rien » pour un chrétien. Avoir peur de Dieu, ce serait en effet « renvoyer au néant les quatre évangiles » *(ibid).*

Le voir enfin face à face

Pour le véritable chrétien dont la certitude parvient à modeler la vie affective, il est clair que la mort ne peut être objet de terreur, puisqu'elle est rencontre face à face avec ce Dieu qu'il a espéré toute sa vie dans les ténèbres. Dans *Il est plus tard que tu ne penses,* après la mort de sa femme, Jean, ivre de douleur, hurlait à la face de Bruno : « Dieu, c'est la mort. » Et le jeune prêtre lui répondait avec toute sa ferveur : « C'est juste le contraire. La mort c'est Dieu. La mort (...), c'est lorsque la Sainte Face ouvre enfin ses yeux » (+*TP,* p. 342). Et c'est bien ce face-à-face qui est sobrement évoqué à la fin de la pièce *Briser la statue,* la mort de Thérèse de l'Enfant-Jésus (et de la Sainte Face) ayant été effectivement, si l'on en croit ses biographes, une extase d'amour.

Dans son essai *Lettre ouverte à une jeune fille morte* (1968), Gilbert Cesbron reprend – à la première personne, cette fois – cette idée de la mort comme d'un face-à-face avec Dieu :

> « Lazare, quand il rouvrit les yeux, vit le visage de Dieu son ami; et sans doute crut-il, cette fois, qu'il était mort... Croyants, qu'attendons-nous d'autre de la mort, sinon ce face-à-face? Cependant, les uns s'imaginent que, sous le nom de Justice, c'est une revanche mesquine que nous espérons d'elle. D'autres, l'explication des Mystères (comme on cherche, en dernière page des magazines, la réponse aux jeux); et les chansonniers, une sorte de bonheur païen. Ceux qui ne croient pas, mais qui savent aimer, en attendent sourdement, sans l'avouer, d'y retrouver leurs amours – et ils ne se trompent guère. Un incroyant qui

aime est plus proche de la Vérité qu'un croyant qui n'aime pas.
Je ne connais pas de plus belle définition chrétienne de la mort que ce cri, exigeant, familier, tout orgueil et tout humilité, d'un prêtre qui trouvait qu'elle tardait trop : " Jésus, il est temps de nous voir! " » (*LOJFM,* p. 39).

Pourtant, Gilbert Cesbron n'adhérait pas sans quelque réticence au dogme de la résurrection des corps, ceux-ci lui paraissant sans doute trop lourds, trop pétris d'animalité pour participer – même sous une forme sublimée – à une telle assomption.

> « Je ne souhaite pas la résurrection des corps, écrit-il dans son *Journal sans date.* Je suis l'ennemi du mien. Je ne lui pardonne ni son impureté ni sa lâcheté d'être tantôt plus fort, tantôt plus faible que moi » (*BR,* p. 162).

Cependant le désir de rencontrer Dieu, les saints et tous ceux qu'il a aimés, vient à bout de ses réticences. Il l'exprime avec chaleur dans la brochure *Le chemin d'Emmaüs (Fêtes et Saisons* n° 253, 1971) consacrée précisément à la résurrection du Christ :

> « Non, je n'ai pas envie de traîner ce corps-ci là-bas. Pourtant, j'ai bien envie d'y voir guéris et transfigurés tous ceux que j'ai connus infirmes, disgraciés : ils ont droit à cette revanche. Et surtout je veux voir, de mes yeux (quels qu'ils soient), voir face à face le visage de Jésus. Je ne puis en rester à la Sainte Face de Turin ni à mille effigies que l'amour a inspirées aux peintres de tous les temps. Et je veux aussi voir le visage de ma mère Marie, de ma sœur Thérèse, de ma sœur Bernadette. Et revoir ceux de ma mère, de mon père, de tous ceux que j'ai aimés; cette revanche sur les horribles nuits d'agonie et de veille, je la réclame à Dieu. Je Le supplie que les visages ressuscitent. Et comment se passeraient-ils de corps?

demanderont les réalistes. Jésus lui-même leur répond : " à Dieu rien n'est impossible " » (*op. cit.*, p. 13).

De même, avec le style laconique du *Journal sans date,* il note, dans *Bonheur de rien :*

> « La résurrection de la chair. Quelles que soient mes préventions contre ce dogme, je défaille de joie à la pensée de voir le visage de Marie de Nazareth » (*BR,* p. 59).

A cette lumière le vieillissement du corps et la maladie apparaissent moins comme une menace que comme une promesse. L'inéluctable approche de la mort est vécue comme une attente pleine d'espérance, un « heureux apprentissage ». Mais Cesbron est trop humain pour clamer sa certitude avec superbe. Trop conscient, aussi, de la dimension sociale de la mort et du deuil. Celui qui parvient à apprivoiser la mort dans son cœur ne peut rester indifférent au chagrin de « ceux qui restent ». (« Il n'y a que la mort des autres qui compte », déclare un personnage d'*Il est plus tard que tu ne penses.*) Aussi, Gilbert Cesbron aborde-t-il toujours le sujet de façon nuancée. Il note par exemple dans un inédit :

> « Chaque minute est un pas vers la mort, c'est-à-dire vers l'Amour. Tout le désespoir et toute l'Espérance tiennent dans ces mots. »

L'Amour total et le Royaume

On voit mieux maintenant dans quelle perspective Gilbert Cesbron envisage la Résurrection. Dans ce domaine, il se révèle, une fois encore, plus mystique que théologien. Il le note, non sans humour dans *Ce que je crois :*

> « Ce qui retient beaucoup d'esprits au seuil de Dieu c'est, pour parler familièrement, leur incapacité d'imaginer l'organisation matérielle des choses : l'au-delà, le jugement, la résurrection des corps... (...)
> Les théologiens ne les y aident guère : si la boutade de Voltaire (que Dieu a fait les hommes à son image mais qu'ils le lui rendent bien) prévaut pour une catégorie, c'est bien pour les théologiens! Ce qui m'a toujours mis mal à l'aise dans le plan de Dieu tel qu'ils nous l'exposent, c'est que nous aurions presque pu l'imaginer nous-mêmes.
> (...) Prophètes et mystiques m'en disent plus long – ce qui est bien normal, puisqu'une autre voix leur souffle quoi dire » (*CQJC,* pp. 178-179).

Et à écouter ainsi les Inspirés d'hier et d'aujourd'hui, on ne peut manquer de trouver proprement scandaleuse toute conception boutiquière de l'au-delà conçu comme récompense ou châtiment des hommes en fonction de leur conduite sur terre :

> « Attendre sa récompense de l'autre monde, écrit Cesbron dans son *Journal sans date,* est le contraire même du christianisme. Ce serait un peu trop simple, un peu trop humain de posséder ainsi son compte ouvert à la banque Dieu et d'y placer en secret ses économies! Un chrétien trouve sa récompense, son dû en même temps que son devoir, sur la terre, parmi l'ingratitude des hommes; et, de l'au-delà, il attend seulement la Présence » (*JSD II,* pp. 105-106).

Nous l'avons vu, la vie éternelle pour Gilbert Cesbron n'est pas une sorte de prolongement de l'existence terrestre octroyé comme une récompense aux « sages » (au sens où l'on parle d'enfant sage!). A ses yeux, ce qu'a d'exaltant la promesse de l'éternité, c'est moins la perspective de durer au-delà de la mort, que de trouver enfin comblées toutes ses espérances. Lors donc qu'il écrit, dans son tout dernier livre :

> « Le christianisme est une chaîne de paradoxes confluant vers ce paradoxe suprême que la mort est le commencement de la vie » (*UDA,* p. 20).

Il n'entend pas que « notre vraie vie est ailleurs » et que l'on peut se désintéresser des contingences de ce « bas monde » dans l'espérance de notre « véritable cité ». Bien au contraire, il ne serait sans doute pas loin de penser, avec certains théologiens actuels, que la vie éternelle n'est pas située après la mort, mais qu'elle est d'ores et déjà présente au cœur de notre existence humaine – chaque fois du moins que l'on parvient à lui donner un style réellement évangélique. Opposant une « saine sottise » aux « outrecuidantes précisions de certains théologiens », Gilbert Cesbron remarque qu'à propos du Ciel, on peut trouver

> « une réponse suffisante dans la prière que le Christ s'est donné la peine de nous apprendre : " Que ta volonté soit faite sur la terre comme au ciel. " J'en tire bonnement cette définition : que le Ciel est le lieu où la volonté de Dieu est faite. Connaissant celle-ci en toute précision, notamment par le Sermon sur la montagne, me voici satisfait, autant que nous pouvons l'être dans notre nuit qu'il ne s'agit pas de nier » (*CQJC,* p. 179).

Ailleurs, il exprime la même idée avec des accents plus personnels :

> « Je ne sais qu'une chose : tout ce qui, dans ma vie, m'a procuré douceur, bonheur, extase, joie – et l'Amour n'en était jamais absent – n'était qu'une modeste et fugace préfiguration de ce que Dieu prépare au-delà de la mort à ceux qui l'auront préféré à tout. Ou plutôt qui auront placé leurs amours à l'intérieur du sien et leurs propres

> engagements dans cette fidélité » (*Le chemin d'Emmaüs, op. cit.*, p. 13).

Dans l'un et l'autre texte, il est caractéristique que Cesbron parle davantage de confiance que de certitude. Et comment s'en étonner, de la part d'un chrétien plus mystique que dogmatique, qui construit sa foi comme une relation de personne à personne, bien plus que comme un échafaudage de convictions!

> « Tout inconstant et lâche que je sois, il ferait beau voir que je me confie sans appréhension aux gants du chirurgien et ne m'en remette pas avec une confiance absolue aux mains de Dieu! » (*CQJC*, p. 179).

Cette confiance, les réticences qu'il éprouve à l'égard de la résurrection des corps ne sauraient l'entamer, car, dit-il, « la confiance est une et indivisible » *(Le chemin d'Emmaüs)*. Ailleurs, Gilbert Cesbron souligne que la foi et l'espérance communiquent au cœur du croyant :

> « La Vie éternelle, c'est de connaître enfin l'Amour total qui se nomme Unité; de savoir toute injustice réparée, toute douleur consolée; de retrouver ceux qu'on aimait et de rencontrer à jamais ceux qu'on aurait voulu connaître. Je le crois si fort que je l'espère; je l'espère si fort que je le crois » (*JSD*, p. 162).

Objet de confiance, c'est-à-dire perçu à travers une tendresse et une attente, l'au-delà – malgré les doutes et les incertitudes – cesse de paraître effrayant et mystérieux au familier des Évangiles. N'est-il pas « purement et simplement » la réalisation de ce Royaume de Dieu annoncé il y a vingt siècles en Palestine, et qui constitue, depuis, l'horizon des croyants? Gilbert Cesbron revient souvent sur cette idée. Le terme de Royaume évoque pour lui toutes les connotations évangéliques, et il s'exprime toujours à son sujet avec une grande tendresse :

> « Le Royaume... Ce mot qui, en secret, remplit ma vie et celle de millions d'hommes, ce mot n'a presque plus de signification pratique et il se peut que, dans un certain nombre d'années, il n'en ait plus aucune. Pour la plupart, il n'évoque que le passé; pour nous autres il est une image si lumineuse de l'avenir qu'elle en éblouit notre présent.
> Le Royaume, c'est le temps et le lieu (hors du temps, hors de tout lieu) où les âmes se reconnaîtront sans se connaître (...) dans une pureté qui les rendra transparentes. Le temps et le lieu (où et quand? " Je ne sais, Dieu le sait ") où l'on verra clair : où les mystères contre lesquels, notre vie durant, nous nous serons meurtris, ceux de l'esprit et ceux du cœur, seront de cristal; où la plus haute justice nous paraîtra, à force de clairvoyance et d'amour, si sommaire qu'elle en deviendra injuste. Le temps et le lieu où nous verrons face à face. Qui? – l'Amour. Telle est la Promesse, et sortie d'une bouche dont chaque mot compte, dont aucune parole ne passera » (*DLA,* pp. 239-240).

Telle est donc la conviction – mieux vaudrait dire : l'espérance – de Cesbron devant le mystère de la mort. Une conviction, une espérance qui se sont lentement forgées en lui et en sont venues à modeler peu à peu toute son existence, lui donnant un sens, c'est-à-dire tout à la fois une signification et une direction. C'est ainsi qu'il écrit dans son *Journal sans date :*

> « Peu à peu j'ai compris que la mort c'était Dieu, celui qui " a les paroles de la vie éternelle " – ce qui constitue le scandale des scandales, ou plutôt le mystère des mystères. Adossé au Dieu des chrétiens et non plus à la mort, ma vie prenait une dimension de plus. Tout se rejoignait » (*BR,* p. 39).

CONCLUSION

S'étonnera-t-on, après cette rencontre du chrétien Gilbert Cesbron, de constater que sa foi oriente le jugement qu'il porte lui-même sur son œuvre? Si, avec modestie, il se considère comme un écrivain mineur, il l'admet sereinement, au nom des valeurs qui lui sont essentielles. Une page étonnante de son recueil poétique *Merci, l'oiseau!* développe ce thème :

> « Je ne me soucie pas de la Postérité, de ce qu'on appelle communément la Postérité. Que des textes que j'aurais écrits soient ânonnés, cent ans plus tard, par des écoliers qui, d'un œil, suivent l'oiseau par la fenêtre de la classe – eh bien, non! j'aimerais mieux être l'écolier, ou l'oiseau. Que le bronze perpétue quelque temps ma face périssable et que, dans un jardin public, mon buste serve de lieu de rendez-vous aux amoureux – j'aimerais mieux être l'un de ces amoureux, même celui qui souffrira le plus. Que mon nom s'inscrive en lettres blanches sur les plaques bleues d'une rue à Paris et, torturé de fautes d'orthographe, se lise sur les messages que s'écriront des inconnus – j'aimerais mieux être le petit télégraphiste désinvolte qui les porte à vélo...
> Non, leur Postérité ne m'intéresse pas : un écrivain doit

trop souvent la payer de son Éternité, qui seule m'importe.

Ce que j'appelle, moi, " Postérité ", c'est l'humble espoir qu'un jour, après bien des années, une parole que j'aurai écrite atteindra par hasard un être vivant et fera battre son cœur, aidera un être vivant dans le naufrage ou le partage où il se trouvait seul. Alors, cette parole se sera faite chair, un instant, avec la permission du Seigneur » (*JSD II,* pp. 43-44).

Il est bien difficile, du reste, de se prononcer sur la pérennité de l'œuvre de Gilbert Cesbron. De telles prédictions sont souvent fort aléatoires, et, en la matière, les erreurs péremptoires sont plus marquantes que les justes prémonitions! C'est bien connu : « Racine passera comme le café »! Toutefois, ce vœu de « toucher (...) des cœurs et des esprits inconnus, et d'apporter réponse à leur problème [1] », quand bien même Gilbert Cesbron ne le réaliserait pas « dans le temps », on peut considérer que, de son vivant, il l'a en quelque sorte réalisé « dans l'espace ». Ses tirages de « best seller » lui ont permis effectivement de parler au cœur de millions d'inconnus, après le succès triomphal de son sixième roman, *Les saints vont en enfer.* Cette communion lui était visiblement plus précieuse que toute célébrité. C'est elle qui, de son propre aveu, lui donnait quotidiennement le courage de continuer sa tâche. Les traductions de ses romans, notamment, étaient à ses yeux un signe visible de cette influence et de cette responsabilité :

« Des inconnus, à l'autre extrémité de la terre, sont atteints par ce que nous avons si longtemps porté dans notre solitude. Leur cœur bat, un instant, au même rythme que le nôtre. (...)

Lorsque j'ai besoin de reprendre courage et de me persuader que ma besogne, que mon passage n'auront pas été inutiles, je tourne les yeux vers les traductions de mes

1. Avant-propos des *Saints vont en enfer,* Éditions Rencontre.

> livres. Je les ai placées à portée de mon regard, et certains doivent penser que c'est par orgueil. Or, c'est tout le contraire : par humilité; mais ils ne se doutent guère combien un chrétien écrivain peut se sentir, peut se savoir fragile et seul » (*JSD II,* p. 44).

Cette confidence exprime bien ce qui, pour Gilbert Cesbron, faisait le cœur de sa vocation d'écrivain. Dans son *Journal sans date,* il remarque qu'il y a (faut-il dire : actuellement, depuis le siècle dernier, ou : depuis toujours?) « deux sortes de créateurs : ceux qui nous aident à vivre; et ceux que leur art aide à vivre, mais seuls ou presque » (*BR,* p. 155). (Et il déplore qu'à notre époque, « sous prétexte de liberté, de gratuité, cette dernière espèce se multiplie » [*ibid.*]. Il est clair que pour sa part, il a l'ambition d'écrire pour aider ses congénères à vivre. C'est presque mot à mot en ces termes que – toute considération religieuse mise à part – il définissait la vocation de tout homme, la « raison d'être de son passage sur la terre ». Ainsi donc, le fin mot de son œuvre est le même que celui de sa vie. Et – moralement parlant – c'est sans doute le plus haut éloge qu'on puisse faire d'un écrivain. Ce qui nous a frappé, dans nos rencontres avec Gilbert Cesbron comme dans l'étude de son œuvre, c'est cette fondamentale unité entre sa personnalité et ses livres. On en a un écho dans le plus convaincu, le plus autobiographique de ses essais, *Ce que je crois :*

> « Un pauvre homme d'écrivain, s'il est chrétien, essaie que sa vie ressemble à son œuvre et son œuvre à sa vie. Il court après cette unité en haletant » (*CQJC,* p. 166).

TABLE DES MATIÈRES

Deuxième partie

LA FOI DE GILBERT CESBRON

Cet ouvrage
a été composé
et achevé d'imprimer
en janvier 1989
par l'Imprimerie Floch
53100 – Mayenne.

Dépôt légal : janvier 1989.
N° d'imprimeur : 27329.
Imprimé en France.